Dimensionen der Esoterik

ECON Ratgeber
Esoterik

Alfred Görgens

Dimensionen der Esoterik

Eine Einführung in die wichtigsten esoterischen Gebiete

ETB
ECON Taschenbuch Verlag

CIP-Titelaufnahme der Deutschen Bibliothek

Görgens, Alfred:
Dimensionen der Esoterik: e. Einf. in d. wichtigsten esoter. Gebiete /
Alfred Görgens.
Orig.-Ausg. – Düsseldorf: ECON Taschenbuch Verl., 1988
(ETB 20385; ECON Ratgeber: Esoterik)
ISBN 3-612-20385-1

Originalausgabe

Umschlagentwurf: Ludwig Kaiser
Titelillustration: Karl-Heinz Koch (Air-Brush-Technik)
Zeichnungen: Alfred Görgens

Satz: Computersatz Bonn GmbH, Bonn
Druck und Bindearbeiten: Ebner Ulm
Printed in Germany
ISBN 3-612-20385-1

Inhalt

Einleitung

Das Wort »Esoterik« bedeutet wörtlich »nach innen zu« und kommt aus dem Griechischen. Es bezeichnet die Entwicklung der »inneren« Fähigkeiten, im Gegensatz zur Exoterik, die sich mit den »äußeren« (oder »äußerlichen«) Fähigkeiten und Gegebenheiten befaßt. Darüber hinaus verstand man früher unter Esoterik eine nur Eingeweihten vorbehaltene Lehre von verschiedenen geheimen Religionen, Riten und Bräuchen, von Mysterien und Zauberformeln. Durch die Geheimhaltung in verschworenen »Bruderschaften« oder sonstigen Gemeinschaften hat die Esoterik einen seltsamen Hauch von Unnahbarkeit und Unverständnis für das »normale Volk« bekommen. Dabei kann Esoterik in Wirklichkeit eine natürliche, undogmatische und jedermann zugängliche Lebenshilfe sein.

Der Schleier des Mysteriösen wurde von jeher durch eine okkulte, mit fremdartigen Fachbegriffen durchsetzte esoterische Sprache verstärkt. Dadurch erhielten jene, die diese Sprache verstanden und anwenden konnten, eine gewisse psychische Macht über Schüler, die in die Esoterik eingeweiht werden wollten. Entzerrt man das fremdklingende Gedankengut, so erscheint plötzlich alles einfach, klar und verständlich. Dieser Aufgabe widmet sich das vorliegende Buch. Es versucht, in einzelnen Kapiteln die wichtigsten esoterischen Bereiche zu erfassen und in einfacher Sprache zu erklären. Dabei wird jedoch der Fehler vermieden, zugunsten einer besonders modernen und dem Informatikzeitalter angepaßten Ausdrucksweise esoterische Inhalte zu vergröbern. Ein Beispiel hierzu: In einem Buch über Esoterik war zu lesen, der Mensch sei eine Art Computer, also die »Hardware«, der in der Lage wäre, das esoterische Wissen wie Computerprogramme, also wie »Software«, in sich zu speichern und aufzubereiten. Solche Formulierungen sind lediglich geeignet, den Interessierten weiter zu verwirren, denn der Mensch ist nun einmal kein Computer und die Esoterik keine »Software«, sondern geistiges und teilweise religiöses Gedankengut. Da dies so ist, sollte man sich auch dazu bekennen und nicht krampfhaft eine abstrakte Sprachform wählen, um Esoterik dem modernen Menschen »schmackhaft« zu machen. Die folgenden Kapitel werden zeigen, daß Esoterik zeitlos ist und daher auch heute dem Menschen nützlich sein kann. Der Wunsch, mehr über sich selbst und die Zukunft zu erfahren oder eine Antwort für richtiges Handeln zu bekommen, ist immer gültig und nicht abhängig von einer bestimmten Zeit.

Neben dem Bemühen, die verschiedenen Aspekte der Esoterik verständlich zu machen, findet auch eine kritische Betrachtung statt. Denn gerade im esoterischen Bereich, wo manche Dinge dem Glauben näher sind als dem wissenschaftlich Beweisbaren, wird von skrupellosen Geschäftemachern viel Schindluder getrieben. Vielleicht hat der verehrte Leser hin und wieder im Fernsehen Berichte über angebliche Wundermaschinen sehen können, die schädliche Erdstrahlen vertreiben oder Heilkräfte besitzen, obwohl sie in Wirklichkeit nur sinnlos zusammengesetzte Kästen mit Drähten und Knöpfen sind. Daneben erfährt man immer wieder aus einzelnen Esoterikkreisen, daß die gerade dort praktizierte Esoterik die reinste, ursprünglichste und vollkommenste Lehre sei und alle anderen Gruppen weniger bieten. In Wahrheit ist Esoterik ein Weg, alle Möglichkeiten und Fähigkeiten des Menschen zu entfalten. Keine Einzelgruppe kann für sich in Anspruch nehmen, die allein heiligmachende Lehre zu besitzen. Vielmehr vertreten sie alle einen Zweig der gesamten Esoterik. Und es liegt ganz im Interesse des Esoterikers und in seiner Veranlagung, welchem esoterischen Gebiet er sich intensiver widmet. Dieses Buch wird Ihnen helfen, das

Grundwissen der Hauptgebiete der Esoterik zu verstehen, so daß Sie sich darauf aufbauend in einzelne Themenkomplexe vertiefen können.

Alfred Görgens

Astrologie

Von allen esoterischen Gebieten genießt die Astrologie die größte Beachtung. Sogar sogenannte kritische Magazine veröffentlichen Woche für Woche Horoskope, obwohl längst bekannt ist, daß die dort gemachten Aussagen kaum einen tieferen Wahrheitskern haben. Trotzdem werden solche Horoskope gerne – meist nebenbei und selbstverständlich – gelesen. Der Grund für diese Normalität im Umgang mit der Astrologie ist, daß sie nahezu so alt ist wie die denkende Menschheit. Schon der berühmte Arzt Hippokrates sagte: »Ein Arzt ohne Kenntnisse der Astrologie hat nicht das Recht, sich Arzt zu nennen.« Dieser Grundsatz gilt auch heute noch in anderen Kulturen, zum Beispiel in Tibet, Indien und Südamerika.

Bei uns wird die Astrologie von der Wissenschaft eher belächelt und als Aberglauben abgetan. Die Vorstellungen von der Astronomie, also der Lehre von den in den Sternen wirkenden Naturgesetzen, und der Astrologie, der Lehre von dem in den Sternen verborgenen geistigen Sinn, werden heute streng getrennt, waren aber bis etwa zum 16. Jahrhundert eng verknüpft. Einen Berufsunterschied zwischen Astrologe und Astronom gab es nicht. Die gesamte frühere Kalenderwissenschaft, also das Einteilen der Zeit in wiederkehrende Zyklen, beruht auf astronomischen und astrologischen Beobachtungen und Erfahrungen, daß bestimmte Zeitpunkte für bestimmte Handlungen günstig sind oder Aussagen für die Zukunft erlauben. Das bedeutet, die Zeit fließt nicht gleichförmig und charakterlos dahin, sondern trägt in sich qualitative Unterschiede. Die Astrologie versucht, die Charakteristiken dieser Unterschiede möglichst exakt zu beschreiben. Es ist also nicht so, daß die Sterne gewissermaßen ihren Einfluß »ausstrahlen«, sondern die charakteristischen Unterschiede der Zeit eine Entsprechung in bestimmten astronomischen Konstellationen finden. Astrologie ist die Beschreibung der Beziehung zwischen Makro-Kosmos und Mikro-Kosmos. Hierüber besteht sogar bei den Astrologen teilweise ein Mißverständnis.

Obwohl die Astrologie so alt ist wie die Dokumentation unserer Gschichte, ist die heute hier im Westen praktizierte Astrologie das jüngste Glied in einer astrologischen Tradition, die sich vom babylonischen Sternenkult über die persische, indische, chinesische und ägyptische Astrologie zur abendländischen Astrologie entwickelt hat. Ursprünglich wurde in Mesopotamien die sogenannte Mond-Omen-Astrologie praktiziert, ein astrologisches Aussagesystem also, das lediglich auf Mondbeobachtungen basierte. Im alten Babylon entstand eine primitive Tierkreis-Astrologie (dic sogenannte Planeten-Omnia), und erst im hellenistischen Ägypten reifte die Astrologie zu dem uns heute bekannten System (also etwa seit 100 v. Chr.).

So verschiedenartig wie die Quellen sind auch die Aussagen der Astrologen; nicht einmal im astrologischen Begriffssystem herrscht Einigkeit. So haben sich verschiedene »Schulen« gebildet, die sich mit einem breiten Spektrum astrologischer Gebiete beschäftigen, vom Erstellen traditioneller Geburtshoroskope bis zu Astromedizin und karmischer Astrologie (die astrologischen Beziehungen zwischen früheren Handlungen und heutigen Ereignissen).

Die abendländische Astrologie

Der Grundgedanke der abendländischen Astrologie ist die Überzeugung, daß Gestirne (Planeten, Fixsterne, Sonne und Mond), einzeln oder zu Sternzeichen verbunden, mit den Vorgängen der Erde und des Menschen zusammenhängen.

Dabei wird die Erde als der Mittelpunkt betrachtet, und die Kreisbewegungen der Planeten werden linear kombiniert. Die hierbei entstehende scheinbare Bewegung der Sonne um die Erde heißt Ekliptik. Diese Sonnenbahn erhält eine Unterteilung in zwölf Abschnitte zu je 30 Grad. Jeder Abschnitt trägt einen Namen, der dem Namen eines Sternbildes entspricht (Widder, Fische, Jungfrau . . .). Jener Sektor, in dem sich die Sonne zum Zeitpunkt der Geburt befindet, bestimmt das Sonnenzeichen des Menschen (auch: das Sternbild, Sternzeichen, Geburtszeichen, Tierkreiszeichen). Der Beginn des astrologischen Jahres (0 Grad) ist der Zeitpunkt, zu dem überall auf der Erde Tag und Nacht gleich lang sind. Dies ist zum Frühlingsbeginn zwischen dem 20. und 21. März der Fall. Das diesem Frühlingspunkt zugeordnete Sonnenzeichen ist der Widder. Danach durchläuft die Sonne etwa jeden Monat ein weiteres Zeichen. Der genaue Zeitpunkt variiert aufgrund von Schaltjahren, Einteilung der weltlichen Zeitzonen und anderen Faktoren im Laufe der Jahre. Folgende Zeichen bilden den astrologischen Kreis:

Widder: 21. März bis 19. April
Stier: 20. April bis 20. Mai
Zwilling: 21. Mai bis 21. Juni
Krebs: 22. Juni bis 22. Juli
Löwe: 23. Juli bis 22. August
Jungfrau: 23. August bis 22. September
Waage: 23. September bis 22. Oktober
Skorpion: 23. Oktober bis 21. November
Schütze: 22. November bis 21. Dezember
Steinbock: 22. Dezember bis 19. Januar
Wassermann: 20. Januar bis 18. Februar
Fische: 19. Februar bis 20. März

Ausschlaggebend zur Berechnung eines Horoskops ist neben dem Jahr und dem Tag der Geburt noch die Stunde (möglichst auch die Minute) und der Geburtsort. Die Sonnenzeichen werden auf zwei Arten in Gruppen unterteilt, die sogenannten Dreiecksgruppen und die Vierecksgruppen. Die Dreiecksgruppen beziehen sich auf das Persönlichkeitstemperament, die Vierecksgruppen bringen grundlegende Verhaltensweisen zum Ausdruck. Es gibt vier Dreiecksgruppen mit je drei Sternzeichen, die jeweils einem Element (Feuer, Erde, Luft, Wasser) zugeordnet sind, und drei Vierecksgruppen mit je drei Sternzeichen, die Kardinalzeichen, feste und bewegliche Zeichen heißen. Dadurch ergibt sich folgende Struktur:

- Erste Dreiecksgruppe, dem Element Feuer zugeordnet (Feuerdreieck). Hierzu gehören Widder, Löwe und Schütze.
- Zweite Dreiecksgruppe, dem Element Erde zugeordnet (Erddreieck). Hierzu gehören Stier, Jungfrau und Steinbock.
- Dritte Dreiecksgruppe, dem Element Luft zugeordnet (Luftdreieck). Hierzu gehören Zwillinge, Waage und Wassermann.
- Vierte Dreiecksgruppe, dem Element Wasser zugeordnet (Wasserdreieck). Hierzu gehören Krebs, Skorpion und Fische.
- Erste Vierecksgruppe (Kardinalzeichen) mit Widder, Krebs, Waage und Steinbock.
- Zweite Vierecksgruppe (feste Zeichen) mit Stier, Löwe, Skorpion und Wassermann.
- Dritte Vierecksgruppe (bewegliche Zeichen) mit Zwilling, Jungfrau, Schütze und Fische.

Diese Unterteilungen wurden vorgenommen, weil die darin erfaßten Zeichen ähnliche Grundeigenschaften haben, die sich verschieden ausleben. So kennzeichnet die Personen des Erddreiecks (Stier, Jungfrau, Steinbock) eine Hinwendung und Fähigkeit zum Praktischen, wobei sich dies beim Stier durch erfolgreichen Umgang mit Geld und Besitz, bei der Jungfrau durch handwerkliches Geschick und beim Steinbock durch Organisationstalent ausdrücken kann.

Neben der Unterteilung in zwölf Abschnitte zu je 30 Grad und die Unterscheidung zwischen den Dreiecks- und Vierecksgruppen wird das Horoskop in zwölf sogenannte »Häuser« oder »Felder« unterteilt, denen ebenfalls Sternzeichen zugeordnet sind. Im Gegensatz zu den zwölf Sonnenzeichen, die einen Zeitabschnitt von einem Jahr umfassen, stellen die Häuser einen 24stündigen Zyklus dar. Die Größe der Häuser ist verschieden und kann durch genaue Berechnung ermittelt werden. Der Beginn des ersten Hauses (die sogenannte »Spitze«) ist der Punkt, an dem der Osthorizont zum Zeitpunkt der Geburt die Ekliptik schneidet. Dieser Ostpunkt heißt Aszendent. Der Aszendent ist neben dem Sonnenzeichen ein wichtiger Anhaltspunkt für Aussagen zur Persönlichkeit, für typische Eigenarten und Fähigkeiten. Die übrigen Häuser machen Aussagen zu einem speziellen Lebensbereich, zum Beispiel über Besitzverhältnisse, Beruf, Beziehungen, Religiosität und so weiter.

Nicht jedes Haus hat gleiche Bedeutung beziehungsweise gleich großen Einfluß. Man unterscheidet vier Haupthäuser (auch: Kardinal- oder Eckfelder):

1. Die Spitze des ersten Hauses (Ostpunkt oder Aszendent).
2. Die Spitze des vierten Hauses (Imum Coeli, abgekürzt: IC, der durch Süd- und Nordhorizont gehende Längenkreis zum Zeitpunkt der Geburt, auch: Himmelstiefe).
3. Die Spitze des siebenten Hauses (Westhorizont, auch: Deszendent, der Punkt, der dem Aszendent gegenüberliegt).
4. Die Spitze des zehnten Hauses (Medium Coeli, abgekürzt MC, der senkrecht zur Kreisbahn des Süd-/Nord-Längskreises entstehende Himmelsmittelpunkt).

Zum Zeitpunkt der Geburt befinden sich die Planeten (Sonne und Mond werden als Planeten mit einbezogen) in irgendeinem linearen Verhältnis zum Horoskopkreis. Durch die erste Einteilung in 30-Grad-Abschnitte spricht man daher vom »Jupiter im Zwilling«, »Mars in der Jungfrau« und so weiter und durch die zweite Einteilung in Häuser von »Jupiter im ersten Haus«, »Mars im siebenten Haus« und so weiter. Zu jeder Stellung der Planeten gibt es eine entsprechende astrologische Aussage über die Bedeutung. Bei Geburtshoroskopen beziehen sich diese Aussagen auf Persönlichkeit, Anlagen, Fähigkeiten, bei anderen Horoskopen (zum Beispiel Welthoroskop) auf politische, wirtschaftliche, soziale Zusammenhänge.

Da sich die Planeten unterschiedlich schnell bewegen, entsteht nicht nur ein lineares Verhältnis zum Horoskopkreis, sondern auch ein bestimmtes Winkelverhältnis untereinander. Diese Winkelverhältnisse nennt man die Aspekte. Die Winkelverbindungen können aufgrund genauer Kenntnisse der Planetenbahnen sehr exakt berechnet werden. Bei der Beurteilung eines Horoskops werden jedoch nur einige markante Winkelkonstellationen berücksichtigt:

Konjunktion
Ein Konjunktion tritt ein, wenn von der Erde aus gesehen zwei Planeten in einer Linie stehen. Dies bedeutet im Idealfall 0 Grad Abweichung. Eine Abweichung von bis zu 6 Grad bei Planeten (Orb oder Orbis genannt) und bis zu 10 Grad bei Sonne und Mond wird noch als Konjunktion anerkannt. Die Konjunktion bewirkt eine Verstärkung in der Wirkung der betroffenen Planeten.

Sextil
Bei einem Sextil besteht ein Winkelverhältnis von 60 Grad (plus/minus 6 Grad Orbis) zwischen zwei Planeten. Sextile werden als Zeichen für gute Gelegenheiten, Ideen und die Möglichkeit, gesteckte Ziele zu verwirklichen, angesehen.

Quadrat
Das Quadrat stellt ein Winkelverhältnis von 90 Grad dar. Quadrate beschreiben Lebensverhältnisse, in denen man Verbesserungen vornehmen sollte. Quadrate sind auch ein Zeichen für große Anstrengungen, die zum Erreichen eines Ziels erforderlich sind.

Trigon
Bei einem Trigon besteht ein Winkelverhältnis von 120 Grad. Trigone bedeuten nach Ansicht einiger Astrologen schöpferische Kraft, Glück und Erfolg. Sie sind die positivsten Aspekte in einem Horoskop.

Opposition
Die Opposition ist das Gegenteil der Konjunktion, das heißt, hier stehen die Planeten in einem Winkelverhältnis von 180 Grad genau gegenüber. Oppositionen werden im allgemeinen als negative Zeichen gewertet, was real aber nicht immer in Erscheinung treten muß.

Neben den eben genannten Aspekten gibt es noch einige andere von abgeschwächter Bedeutung, zum Beispiel Nonagon mit einem Winkelverhältnis von 40 Grad, Septil mit 51 Grad, Quintil mit 72 Grad und andere mehr. Alle Stellungen der Planeten im Horoskopkreis, in den Häusern und im Verhältnis zueinander ergeben zusammen das Horoskop. Hier können sich endlos viele Kombinationsmöglichkeiten ergeben, die sich mannigfaltig interpretieren lassen.

Astromedizin

Der Astromedizin (Iatromathematik) liegt der Gedanke zugrunde, daß sich in den kosmischen Rhythmen von Sonne, Mond und Planeten nicht nur der Charakter und das Schicksal widerspiegeln, sondern daß diese auch in einer Wechselbeziehung zum Wohlbefinden, Blutkreislauf, Lymphsystem, Stoffwechsel und zur Schlaftätigkeit stehen. Im Horoskop sollen sich bereits Neigungen zu bestimmten Erkrankungen beziehungsweise Gesundheitszuständen zeigen. Diese Ansicht wurde schon – wie eingangs erwähnt – von Hippokrates vertreten und findet auch heute zum Beispiel in der tibetischen Heilkunst ihre Entsprechung.

Neben der diagnostischen Horoskopanalyse ist ein wesentlicher Teil der Astromedizin die Zuordnung des menschlichen Körpers sowie die Heilpflanzen und Mineralien zu den einzelnen Planeten und Tierkreiszeichen. Nach anthroposophischer Lehre besteht beispielsweise folgende Zuordnungstabelle von Planet, Metall und Körperteil:

Saturn-Blei-Milz
Jupiter-Zinn-Leber
Mars-Eisen-Galle
Sonne-Gold-Herz
Merkur-Quecksilber-Lunge
Venus-Kupfer-Nieren
Mond-Silber-Geschlechtsorgane

Dies ist allerdings nur eine sehr einfache Struktur. Andere Tabellen – besonders solche aus dem Mittelalter – sind sehr viel detaillierter. Auch frühe Kräuterbücher, etwa das »Kräuterbuch« von Bartholomaei aus dem Jahr 1606, gehen sehr ausführlich auf die Zuordnungen von Pflanzen und Pflanzenteilen zu Planeten und Sternzeichen ein. Allerdings herrscht unter den Astromedizinern keine Einigkeit hinsichtlich der Zuordnungen. Der bedeutendste westliche Astrologe, der sich um eine Ordnung in diesem Gebiet bemühte, war Reinhold Ebertin (Sen.) aus Aalen bei Stuttgart. Seine Abhandlungen über kosmobiologische Theorie und Praxis sind weltweit anerkannt. Durch ihn ist die sogenannte »Aalener Schule« entstanden. Die Astromedizin bleibt aufgrund ihrer Komplexität dennoch nur dem wissenschaftlich Interessierten verständlich.

Indische Astrologie

Die indische Astrologie ist verwandt mit der hellenistischen Astrologie, die auch eine Quelle der abendländischen Astrologie darstellt. Daher sind die Unterschiede zwischen beiden Astrologierichtungen äußerlich nicht so markant, wie man es vielleicht aufgrund der sehr unterschiedlichen Weltanschauungen beider Kulturkeise vermuten würde. Die zwölf Sternzeichen (Widder, Stier, Zwilling...) sind auch in der indischen Astrologie bekannt. Hinsichtlich der Berechnungsgrundlagen und Interpretationen bestehen jedoch recht große Unterschiede. So wurden das indische Kastensystem, die Lehre der Seelenwanderung und eine göttliche Offenbarungsvorstellung mit einbezogen. Daneben ist die indische Astrologie mit ihren 27 Mondstationen (genannt: Naksatras), einem System von drei verschiedenen Kategorien von Planetenkombinationen (auch: Yogas) und mit der Einbeziehung von zahlreichen Planetenperioden und Planetenunterperioden (genannt: Dasas und Antardasas) viel komplexer als das westliche Astrologiesystem.

Der Horoskopkreis ist mehrfach unterteilt, allerdings nicht in 30-Grad-Abschnitte, sondern in Elemente von 15 Grad, $4\frac{2}{7}$ Grad und $3\frac{1}{3}$ Grad, entsprechend der Ausdehnung einer Mondstation. Neben den uns bekannten Planeten fügt die indische Astrologie noch imaginäre Planeten hinzu (genannt: Upagrahas).

Die Hauptanwendung der indischen Astrologie ist eine Frage-Astrologie (genannt: Muhurta), zum Beispiel das Heiratshoroskop, das Menstruationshoroskop und das Todesstundenhoroskop. Ein Heiratshoroskop wird erstellt, um den günstigsten Zeitpunkt für eine Hochzeit zu ermitteln und eine frühe Witwenschaft auszuschließen. Das Menstruationshoroskop hat Bedeutung für die traditionelle Kinderehe, weil erst ab der ersten Menstruation ein Zusammenleben der jugendlichen Partner üblich ist. Das Todesstundenhoroskop spielt aufgrund des Glaubens an die Wiedergeburt ebenfalls eine große Rolle in der indischen Astrologie. Neben der Todesstunde versucht man, mit diesem Horoskop den Ort und die Zeit der Wiedergeburt zu ermitteln.

Im Gegensatz zu öfters geäußerten Behauptungen, die indische Astrologie sei eine unverfälschte, »reine« Lehre, steht die Tatsache, daß auch dieses System aufgespalten ist und in verschiedenen astrologischen Schulen mit unterschiedlichen Akzenten gelehrt wird.

Chinesische Astrologie

Die chinesische Astrologie ist ebenfalls verwandt mit der babylonischen, ägyptischen und hellenistischen Astrologie, weicht jedoch mit ihrem gesamten System erheblich von indischer und abendländischer Astrologie ab. Trotzdem hat die chinesische Astrologie im Westen immer mehr Anhänger gefunden, was vielleicht der uns eigenen Sucht nach ständig Neuem entspricht.

In der chinesischen Astrologie gibt es zwar auch zwölf Tierkreiszeichen, jedoch sind sie nicht in Monate, sondern in Jahre unterteilt. Diese Jahrestermine richten sich nach einem bestimmten Mondzyklus, so daß etwa alle zwölf Jahre ein neues Tierkreiszeichen das Zyklusjahr beginnt, in dem sich die einzelnen Zeichen abwechseln. Die Tierkreiszeichen sind in der chinesischen Astrologie: Ratte, Büffel, Tiger, Hase, Drache, Schlange, Pferd, Ziege, Affe, Hahn, Hund und Schwein.

Ein weiteres Merkmal der chinesischen Astrologie ist die Ausklammerung von Sonne und Mond als »Planeten«, was astronomisch richtig ist, und die Beschränkung auf fünf Planeten entsprechend fünf Elementen, die hier Wasser, Metall, Feuer, Holz und Erde sind. Dabei ist der Merkur dem Wasser, Venus dem Metall, Mars dem Feuer, Jupiter dem Holz und Saturn dem Element Erde zugeordnet. Sonne und Mond sind den taoistischen Yang und Yin (vergleiche Kapitel »I Ging«) zugewiesen.

Trotz der extremen Unterschiede zwischen abendländischer und chinesischer Astrologie ist es teilweise erstaunlich, wie die Aussagen, die sich letztlich aus den verschiedenartigen Horoskopen ergeben, übereinstimmen. Dennoch sind auch Zweifel angebracht über den Wahrheitswert astrologischer Interpretationen beziehungsweise über die Korrektheit der einzelnen Systeme, denn neben real zutreffenden Beschreibungen gibt es oft ebenso viele Aspekte, die nicht stimmen. So müßte nach einer blinden Interpretation des Horoskops von Paramahansa Yogananda, einem indischen Yoga-

Gelehrten, dieser Mann egozentrisch und ein exzessiver Alkoholiker gewesen sein. Es ist jedoch bekannt, daß Yogananda ein sehr seriöses Leben lebte und über 100 000 Menschen seine Yoga-Lehre vermittelte. Erfahrene Astrologen können jedoch auch solche extremen Abweichungen interpretieren und speziellen Aspekten eines Horoskops so viel Bedeutung beimessen, daß alle übrigen negiert werden. Die Seriosität dieser Astrologen soll nicht in Frage gestellt werden, allerdings drängt sich der Eindruck auf, daß gerade im esoterischen Bereich gerne so viel hin und her interpretiert wird, bis die Aussage »stimmt«. Es ist auch immer leichter, ein Horoskop erst nach dem Tode zu deuten, wenn der Lebenslauf bekannt ist, als im voraus, gleich nach der Geburt.

Hellsehen

Auch die in weiteren Kapiteln dieses Buches behandelten Themen Kartenlegen, I Ging und Radiästhesie haben mit dem Phänomen »Hellsehen«, dem inneren Erkennen von vergangenen, gegenwärtigen (örtlich entfernten) und zukünftigen Ereignissen, zu tun. Der Begriff Hellsehen wird jedoch allgemein nur dann verwendet, wenn eine angeborene oder auch entwickelte Fähigkeit des Sehens verborgener Dinge ohne äußere Hilfsmittel besteht. Daß es solche Fähigkeiten gibt, kann heute auch die Wissenschaft nicht in Abrede stellen, weil viele exakte Vorhersagen objektiv eingetroffen sind.

Zu allen Zeiten und in allen Kulturen hat es Hellseher (Wahrsager, Weise, Seher, Propheten usw.) gegeben. Berühmt ist beispielsweise die Überlieferung aus dem 5. Jahrhundert v. Chr. des griechischen Historikers Herodot: Der König Krösus wollte aus Sorge um die wachsende Macht des persischen Königreichs das Orakel befragen. Um die zuverlässigste Aussage zu bekommen, schickte er Boten aus mit dem Auftrag, den Hellsehern des Landes am fünften Tag nach der Abreise die Frage zu stellen: Was macht Krösus heute? Aus Delphi soll daraufhin die Antwort gekommen sein: »Ich rieche den Duft einer Schildkröte, die in ihrem Panzer gekocht wird zusammen mit Lammfleisch in einem erzenen Topf. Roherz umgibt sie von allen Seiten, von oben und von unten.« – Diese Antwort entsprach der Wahrheit, weil der König an diesem Tag ein Lamm und eine Schildkröte in einem Bronzekessel mit Deckel kochen ließ, was gegen alle Gewohnheit war und nicht einfach hätte erraten werden können.

Aber auch »normale« Menschen, die ansonsten mit diesem Bereich nicht beschäftigt sind, können ungewöhnliche Wahrnehmungsfähigkeiten entwickeln. So wird von einem Hamburger Rechtsanwalt berichtet, der bei einer Autofahrt plötzlich von einem großen Schutzmann mit weißer Regenbekleidung und erhobener Hand zum Anhalten aufgefordert wurde. Der Anwalt fuhr sofort zur rechten Seite und hörte gleich darauf einen lauten Knall. Er dachte, daß er den Polizist überfahren hätte und sprang aus dem Auto. In Wirklichkeit hatte sich an einer Baustellenausfahrt ein mit Steinen beladener Anhänger von seiner Zugmaschine gelöst und war führerlos über die Straße gerollt. Wenn der Rechtsanwalt nicht angehalten hätte, wäre es zu einem schweren Unfall gekommen. Die Wahrnehmung des warnenden Schutzmannsymbols vor seinem inneren Auge hatte ihn gerettet.

Paranormale Wahrnehmungen treten offenbar häufiger in besonders spannungsreichen Situationen auf. Vielfach wird berichtet, daß während des Krieges Angehörige von Soldaten plötzlich »sahen«, wie der Mann fiel oder daß er krank in einem Lazarett lag und ähnliches. Diese Wahrnehmungen zählt man zum Hellsehen im wachen Zustand. Es gibt weiterhin das Hellsehen im Trancezustand, in der Hypnose und im Traum. Einige Wahrsager fallen gewollt oder ungewollt in einen Trancezustand und sagen Dinge, die geschehen werden oder die sich gerade an anderen Orten zutragen.

Auch im Zustand der Hypnose, die meist von anderen Personen herbeigeführt wird, sind hellseherische Wahrnehmungen möglich. Die berühmteste Person, die unter Hypnose Wahrsagungen machte, ist der 1877 geborene Amerikaner Edgar Cayce; er wurde der »schlafende Prophet« genannt. Durch scheinbaren Zufall (er wurde im Alter von 24 Jahren plötzlich stumm und wollte die Hypnose als Therapie einsetzen) kam er mit der Hypnose in Berührung. Während des hypnotischen Tiefschlafs konnte er seine Krankheit medizinisch exakt beschreiben und die notwendigen Anweisungen zur Heilung geben. Danach war er wieder völlig gesund. Cayce arbeitete als Fotograf und hatte keinerlei medizinische

Kenntnisse. Das Phänomen sprach sich herum und immer mehr Ratsuchende ließen sich von Edgar Cayce im hypnotischen Tiefschlaf Diagnosen und Behandlungen geben. Seine Erfolge waren außergewöhnlich. Später gab er nicht nur Diagnosen, sondern machte Aussagen über das Leben fremder Personen bis hin zu Reinkarnationsbeschreibungen. Insgesamt gibt es 14 246 protokollierte Aussagen Cayces, die teilweise auch die Zukunft betreffen. So hat er die Entwicklung der Elektronik, der Atomkraft und der Genmanipulation vorhergesagt.

Neben den Aussagen zu gegenwärtigen und künftigen Dingen gibt es auch Aussagen, die die Vergangenheit betreffen. Diesen hellseherischen Aussagen verdanken wir zum Beispiel Hinweise auf versunkene Kulturen. Man muß in diesem Zusammenhang allerdings klarstellen, daß sehr viele »Medien« sich diese Wahrnehmungen schlichtweg einbilden und Aussagen zusammenphantasieren, die zur allgemeinen Verwirrung beitragen oder der Esoterik und dem Hellsehen den Ruf des Lächerlichen eintragen. Alleine die Aussagen von Personen, die sich in einem früheren Leben als ägyptische Priester(innen) oder Gottmenschen von Atlantis »sehen«, sind zahlreicher als die Priester(innen), die je in Ägypten lebten.

Viele ernstzunehmende Hellsehungen entstehen im Traum. Auch hier können Menschen betroffen sein, die sich ansonsten mit der Thematik nicht beschäftigen. Die prophetischen Traumbilder sind ganz real oder symbolhaft. Von einem der beeindruckendsten hellseherischen Realträume wurde 1895 in einer französischen Zeitschrift berichtet: Ein französischer Kriminalbeamter übernachtete einmal in einem verwahrlosten Wirtshaus und träumte einen schrecklichen Mord in allen Einzelheiten, der sich in seinem Zimmer zutrug. Drei Jahre später geschah dort dieser Mord tatsächlich in allen Einzelheiten, die der Beamte geträumt hatte.

Die Kette von Vorhersagen, die Wahrheit wurden, ist lang und zieht sich durch Jahrhunderte, gar Jahrtausende. Es gibt Vorhersagen von Feuersbrünsten, Krankheiten, Todesfällen,

Kriegen und anderen schicksalhaften Ereignissen. Jedoch sind ebenso viele Aussagen Erfindungen von Wichtigtuern oder gut gemeinte, aber falsche Interpretationen von Prophezeiungen echter Hellseher. Allgemein verbreitet ist unter den hellseherisch Interessierten die Meinung, daß Zukunftsprognosen mit konkreten Zeit- beziehungsweise Datumsangaben meist unseriös sind, weil die Zukunft kein starr festliegender Ablauf von Ereignissen ist, sondern jedes Ereignis für sich einen Keim darstellt, der neue Ereignisse hervorbringt, die vom Handlungswillen der Menschen beeinflußt werden. Einer der besonders herausragenden Propheten, der es vortrefflich verstand, künftiges Geschehen nahezu unerkennbar zu verschlüsseln, war Nostradamus, der 1503 in Frankreich geboren wurde. Er hinterließ eine Sammlung von vierzeiligen Versen (»Centurien«), die teilweise sehr exakt Ereignisse vorhersagen, so den Tod von Heinrich II., der bei einem Turnier von einer Lanze, die seinen Helm durchbohrte, verletzt wurde, was schließlich den Tod herbeiführte. Nostradamus' Vierzeiler dazu:

> Der junge Löwe wird den alten überwinden
> auf dem Schlachtfeld in einem einzigen Duell.
> Im goldenen Käfig werden ihm die Augen durchstochen,
> und dann stirbt er einen grausamen Tod.

Die Besonderheit der Verse von Nostradamus besteht darin, daß sich ihr Sinn erst nach den Ereignissen erschließt. Vor dem Tod Heinrich II. war der obenstehende Vers praktisch unverständlich. Als der König tot war, wurde plötzlich alles klar: Heinrich II. war im Sternzeichen des Löwen geboren, sein Gegner trug ein Löwensymbol auf der Rüstung. Der Helm des Königs war aus Gold. Trotz der offensichtlichen Schwierigkeit, solche Prophezeiungen zu deuten, haben gerade die Verse des Nostradamus viele Kommentatoren auf den Plan gerufen, die glaubten und behaupteten, ihren Sinn entschlüsselt zu haben. Wenn man allerdings Kommentare anschaut, die vor zehn oder fünfzehn Jahren geschrieben wurden, stellt man fest, daß die angeblich entschlüsselten Vorhersagen schlichtweg Unsinn sind. Hier eine kleine Auswahl von Ereignissen, die inzwischen hätten eintreten müssen:

- Die teilweise Zerstörung von Rom, wobei der Petersdom und andere Gebäude für immer unter Wasser stehen sollten.
- Süditalien müßte in Folge von Erdbeben und Meeresbeben seit 1972/75 in drei Blöcke geteilt sein. Ebenso müßte die Toskana unter Wasser stehen.
- England dürfte durch ähnliche Katastrophen inzwischen nicht mehr exstieren. Dafür stünde die Sahara unter Wasser.
- Große Teile der Bevölkerung würden führungslos umherirren und sich von Wildkräutern ernähren.
- Zwischen 1970 und 1985 hätte ein neues Festland – dreimal so groß wie Australien – aus dem Meer auftauchen müssen.
- Ein neuer, kreisrunder Schiffstyp müßte auf unseren Meeren fahren.
- Seit 1985 hätte es eine Weltregierung geben müssen.

Die Liste der Vorhersagen für die jetzige Zeit ist wesentlich länger und ausführlicher. Aber die wenigen Beispiele zeigen bereits deutlich, daß Kommentare zu Prophezeiungen in den meisten Fällen nicht ernst zu nehmen sind. Sie bauen vielmehr auf Panikmache, Sensationsgier und Angst vor der Zukunft. Allein die »Wahrsagungen« zu Apokalypsen, die inzwischen das Ende aller Zeiten und das Jüngste Gericht hätten bringen müssen, könnten fast ein Buch füllen; sie beginnen bereits im Jahr 39 n. Chr. und wiederholen sich gerade in der heutigen Zeit von Jahr zu Jahr. Willkommen sind dabei Naturereignisse wie das Auftauchen von Kometen, Überschwemmungen, Wirbelstürme, Hitze- und Kältewellen und ähnliches. Nicht selten verleiten falsche »Seher« ihre Anhänger, sich zu bestimmten Zeitpunkten an bestimmten

Orten zusammenzufinden, um sich durch fremde Raumschiffe oder Engel vor dem Weltuntergang retten zu lassen. Es ist immer wieder erstaunlich, wie blind und unkritisch absurden Aussagen geglaubt wird. Das Spiel mit der Angst dient jedoch in keiner Weise dem Bemühen, die tatsächlich schwierigen Weltprobleme zu bewältigen. Man darf in keinem Fall aus den Augen verlieren, daß die Zukunft auch in unseren eigenen Händen liegt und nicht von überirdischen Kräften vorbestimmt wird. Edgar Cayce, der »schlafende Prophet«, hat gesagt: »Die Zukunft ist in uns. Sie kann sein oder nicht sein. Ich glaube, nur das Mögliche zu träumen.«

Hexenglaube

Beim Wort »Hexen« denken die meisten sofort an Hexenverbrennungen, Folterungen und finstere Zeiten voller Aberglauben und religiöser Furcht. Auch heute wird der Begriff »Hexe« meist als Schimpfwort benutzt. Historiker glauben jedoch, daß viele mittelalterliche Hexen in Wirklichkeit weise Frauen waren, die über Kräuterheilkunde, Sexualität, Geburtenkontrolle und Abtreibung Bescheid wußten und nur wegen ihres Wissens verfolgt und grausam getötet wurden. Man nimmt an, daß der Adel und die Kirche nach dem Dreißigjährigen Krieg, nach Pest und anderen Plagen nicht an Geburtenregelung interessiert war, sondern an der Vermehrung der Zahl der Untertanen. Außerdem kam es dem heranwachsenden Ärztestand gelegen, sich durch die Hexenprozesse einer ungeliebten Konkurrenz, der Hebammen, entledigen zu können. Man schätzt, daß etwa eineinhalb Millionen Frauen dem Hexenwahn zum Opfer fielen und dadurch die Basis der Volksheilkunde zerstört wurde, was zur Abhängigkeit des Volks von der Obrigkeit führte. Vermutlich hatten viele der getöteten Frauen nicht das Geringste mit dem Hexenwesen zu tun, sondern waren ungeliebte Nachbarinnen, Dorfschönheiten, die einen Freier abgewiesen hatten und darauf von diesem in gekränkter Eitelkeit angezeigt wurden, und unschuldige Frauen, die durch ein boshaftes Kind denunziert worden waren.

Um sich heute mit dem Hexentum erneut zu beschäftigen, bedarf es zweifellos des Abbaus von Vorurteilen. Eine Hexe ist eine weise Frau mit spiritueller Kraft. Sie kann diese Kraft für sich selbst und andere nutzbar machen. Das Wort

Hexe hat seine Wurzel im norwegischen Begriff »Tysja«, was Elfe bedeutet. Der Sanskritbegriff für Hexe ist Yogini, also eine Frau, die den Yoga beherrscht (vergleiche Kapitel »Meditation«). Das Hexenwesen ist die weibliche Möglichkeit, sich esoterisch auszuleben, und zwar sinnlich und stofflich konkret anstatt geistig verklärt wie etwa Nonnen. Hexen finden durch eine irrationale Erfahrenswelt Zugang zum ganzheitlichen Wissen, zur Weisheit. Sie können damit Alltagsprobleme von ihrem eigenen Wesenskern her angehen. Findet ein Austausch zwischen einer Hexe und einem esoterisch lebenden Mann statt, so entwickelt sich eine starke Beziehung, weil die polaren Kräfte sich vereinen.

Ausgehend von der Frauenbewegung haben sich viele Frauen inzwischen wieder auf das Hexenwesen besonnen, also auf einen speziellen weiblich-esoterischen Weg. Sie beziehen ihre Inspiration aus der Natur, aus den Bewegungen von Sonne, Mond und Sternen, aus dem Flug der Vögel, dem Wachsen der Bäume und dem Wechsel der Jahreszeiten. Es ist gewissermaßen eine Religion der Poesie, bei der Mythen und Legenden als Metaphern für das Unerklärliche erkannt, besser gesagt: erfühlt und erahnt werden, weil das Mysterium des Lebens mit dem Verstand nie vollständig begreifbar ist. Rituelle Handlungen und Symbole werden bei zyklischen Zusammenkünften benutzt, um veränderte Wahrnehmungszustände auszulösen und irrationale Erkenntnisse zu vermitteln. Die Art und Weise der inneren Erfahrung ist nicht bestimmbar, sondern individuell verschieden. Sie kann sich im Gefühl der Liebe, des Vereintseins und der Einzigartigkeit der Menschen ausdrücken oder von ganz anderer, visionärer Form sein. Entsprechend der weiblichen Spiritualität wird die letzte Wirklichkeit als Göttin erfahren und mit der Vorstellung der »Legitimität und Wohltat der weiblichen Macht« gewürdigt. Diese Legitimität der weiblichen Macht ist übrigens in vielen anderen Kulturkreisen Normalität; nur das christliche Patriarchat hat die Frau aus ihrer natürlichen Stellung verdrängt. Der große Fehler des Patriarchats war die Personifizierung des Gottessymbols, indem Gott, der

»Vater«, und Christus, der »Sohn«, als eine von außen erfahrbare Religiosität dogmatisiert wurden. Diesem äußeren Vorbild mußte sich jeder unterordnen, so daß nicht nur eine persönliche, von innen erwachsende religiöse Erfahrbarkeit negiert wurde, sondern einer natürlichen, weiblichen Spiritualität kein Platz mehr eingeräumt wurde, weil die weibliche Spiritualität der Verleugnung des »Vaters« gleichkam, der doch nur ein Symbol ist, so wie die Erfahrung einer Göttin ein Symbol für das ist, was sich begrifflich nicht fassen läßt.

Dennoch ist das Symbol der Göttin für Hexen von besonderer Bedeutung. Es inspiriert Frauen, in sich das Göttliche zu erfahren, sich durch ihre Fruchtbarkeitsfähigkeit im Einklang mit der Natur zu sehen und als die lebenserhaltende Kraft der Schöpfung zu empfinden. Das Symbol der Göttin kann für den Mann ebenfalls wichtig sein, auch wenn die Anerkennung eines Gott-Vaters für einen Mann weniger tragisch erscheint. In Wirklichkeit führt sie jedoch zur Verengung des Bewußtseins. Durch die Erkenntnis der Zweifachheit eines letzten Wirklichkeitsprinzips wächst hingegen die Fähigkeit, die Dualität zu überwinden und in sich selbst die Einigkeit aller Wirkungskräfte – mag man sie weiblich oder männlich nennen – zu erfahren. Zu den wirkungsvollsten Wegen für diese Erfahrung zählt die körperlich-geistig-seelische Vereinigung von Mann und Frau, für die im Osten der Begriff Tantra und im Westen der Begriff Karezza verwendet wird. Hierin kann die Esoterik als Möglichkeit zur Entfaltung aller menschlichen Fähigkeiten ihren Höhepunkt und ihre Erfüllung finden. Allerdings werden Tantra und Karezza meist mißverstanden als Möglichkeit, unter dem Deckmantel der Esoterik jedwede sexuelle Ausschweifung auszuleben. Dies mag eine Gegenreaktion auf die jahrhundertelange Unterdrückung der Körperlichkeit durch die christliche Kirche sein.

Überall auf der Welt entstehen neue Hexengruppen (oft »die neuen Hexen« genannt), denen überwiegend Frauen, aber auch Männer angehören. Sie bestehen aus wenigen Mitgliedern (bis etwa dreizehn Personen) und nennen sich Zirkel oder Konvent. Die Zahl von dreizehn Mitgliedern eines Konvents war auch zur Zeit der Hexenverbrennungen bekannt. Viele Hexen wurden unter der Folter gezwungen, alle Mitgliedsnamen zu nennen, und da diese Frauen oft gar keinem Konvent angehörten, nannten sie in ihrer Not irgendwelche Namen von weiteren unschuldigen Frauen, so daß sich der Kreislauf der Grausamkeit fortsetzte.

Die Hexengruppen sind im allgemeinen autonom und beziehen ihre religiöse Basis aus verschiedenen vorhandenen oder neuentstandenen Traditionen. Es herrscht die Vorstellung, daß ein alter Kult oder eine alte Zeremonie nicht besser ist als ein neuer, weil das Göttliche sich ständig neu offenbart und immer wieder einen Ausdruck finden kann.

Bestimmte ethische Grundvorstellungen finden sich jedoch in allen Hexengruppen gleichermaßen. Es ist die Liebe zum Leben in jeder Form und die Verpflichtung, jede Lebensform zu achten und ihr zu dienen. Es ist aber auch die Ablehnung einer von Menschen geschaffenen Vorschrift über Verhaltensmaßstäbe, über Sünde und Vergeltung, die von einer ebenfalls menschlich geschaffenen Gerichtsbarkeit durchgesetzt wird. Eine Hexe sieht Gerechtigkeit nicht als etwas an, was durch eine weltliche Autorität verwaltet werden muß, sondern als ein sich selbst verwaltendes Gesetz, bei dem jede Handlung unweigerlich eine Folge nach sich zieht, die jeder selbst zu verantworten hat. Diese Vorstellung kann nur unter dem Blickwinkel des Karma verstanden werden (siehe Kapitel »Wiedergeburt), weil offensichtlich Menschen, die der Natur zuwider handeln, diesem Gerechtigkeitsprinzip in ihrer Lebensspanne nicht zwangsläufig unterliegen. Ein solches Handlungsbewußtsein bringt ein erhöhtes Verantwortungsgefühl mit sich. Der Hexenglaube ist daher eine sehr lebensnahe, praktische Esoterikform.

Es kann in diesem Zusammenhang aber nicht bestritten werden, daß sich neben den Hexengruppen mit den eben genannten Ambitionen auch kultische beziehungsweise okkulte Zirkel gebildet haben, die dem Ritual und der Zeremonie mehr Bedeutung beimessen als der inneren Erfahrung. Hier besteht ein Interesse an Machtausübung, Beeinflussung und Symbolpersonifizierung und im radikaleren Fall eine Tendenz, unter dem Mantel einer scheinbaren Kraft der Weiblichkeit mit dem Verhaltenspotential der Männlichkeit das zu bekämpfen, was an der Männlichkeit verachtet wird. Im eigentlichen Sinne sind diese Gruppen keine Hexenzirkel, sondern magische Zirkel. Magie (gleichgültig, ob man von sogenannter »weißer« Magie oder »schwarzer« Magie spricht) stellt in ihrem Kern immer das Bewußtsein der eigenen Willensdurchsetzung dar anstelle des Bestrebens zur Einfindung in eine natürliche Harmonie. Wer sich einer Hexengruppe anschließen möchte, sollte daher den geistigen Hintergrund des Zirkels kritisch prüfen.

I Ging

Der Begriff I Ging bedeutet »Buch der Wandlungen«. Das I Ging ist das bedeutendste Orakel- und Weisheitsbuch der Chinesen, dessen Wurzeln ins dritte Jahrtausend vor Christus zurückführen und das Jahrhunderte hindurch durch gelehrte Schreiber immer wieder kommentiert und damit vervollständigt wurde. Von jeher ist das private und öffentliche Leben der Chinesen und teilweise auch der Japaner vom Geist des I Ging durchtränkt. Bis heute hat das »Buch der Wandlungen« nichts an Aktualität und Popularität eingebüßt. Selbst Politiker, die sich im allgemeinen von rein rationalen Entscheidungen leiten lassen, greifen in Zeiten der Unsicherheit auf die universelle Weisheitskraft des I Ging zurück. Es ist im Grunde gleichgültig, welche Kapitel des Buches gelesen werden, weil durch die elementare Durchdringung aller Lebensaspekte praktisch immer eine tiefere Einsicht in die eigene Situation gewonnen werden kann. Deshalb hat das I Ging über seine Bedeutung als Orakelhilfe hinaus auch einen hohen Wert als reines Lebenshilfe-Lesebuch.

Der Titel »Buch der Wandlungen« entstand durch die Grunderkenntnis, daß alles Leben einem ständigen Wandel unterworfen ist und nur derjenige Glück und inneren Frieden erlangen kann, der sich in den Fluß der Wandlungen einbindet. Die elementare Erkenntnis des ständigen Wechsels, der Dualität und der periodischen Wiederkehr (Sonne und Mond, Tag und Nacht, Sommer und Winter, Mann und Frau, ja und nein) ist prägend für die östliche Weltanschauung. Im chinesischen Sprachgebrauch werden diese dualen

Prinzipien Yin und Yang genannt. Der natürliche und harmonische Weg durch das sich wandelnde Leben heißt Tao (ausgesprochen: Dau). Wörtlich bedeutet Tao »Pfad« oder »Tor«. Das »Buch der Wandlungen« kann helfen, diesen Weg gangbar zu machen.

Im I Ging wird Yang (repräsentiert Bejahung, Kraft, Positivismus) durch eine durchgezogene Linie und Yin (repräsentiert Verneinung, Schwäche, Negativismus) durch eine geteilte Linie repräsentiert:

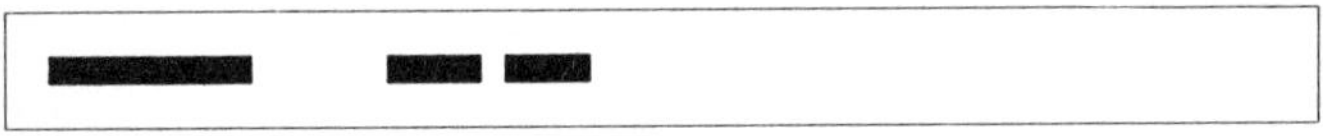

Aus naheliegenden Gründen wünscht man durch ein Orakel eine differenziertere Beschreibung einer Antwort als es mit »ja« und »nein«, Yang und Yin möglich ist. Im I Ging ergeben sich zunächst vier Aussagen durch die möglichen Kombinationen der beiden Linien:

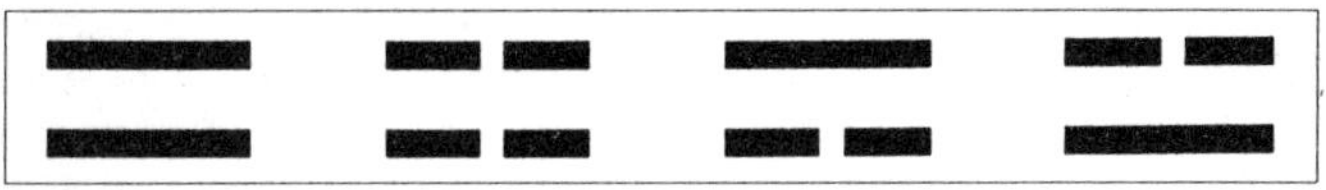

Durch Zufügen einer weiteren Yin- oder Yang-Linie entstehen acht Grundelemente:

Der Himmel, das Schöpferische, stark (KIÄN)

Die Erde, das Empfangende, hingebend (KUN)

Der Donner, das Erregende, bewegend (DSCHEN)

Das Wasser, das Abgründige, gefährlich (KAN)

☶	Der Berg, das Stillhalten, ruhend (GEN)
☴	Der Wind, das Sanfte, eindringend (SUN)
☲	Das Feuer, das Haftende, leuchtend (LI)
☱	Die See, das Heitere, fröhlich (DUI)

Diese acht Elemente oder Zeichen symbolisieren nach der östlichen Weltsicht alles, was zwischen Himmel und Erde geschieht. Sie repräsentieren dabei keine starren, isolierten Zustände, sondern den ständigen Übergang von einem Zustand zum anderen, somit die ständige Wandlung aller Zustände. Da die acht Elemente aus jeweils drei Linien bestehen, werden sie Trigramme genannt. Schon früh wurden zur Nutzung des I Ging als Orakel diese acht Trigramme so miteinander kombiniert, daß insgesamt 64 Figuren enstanden, die – da sie sich aus jeweils sechs Linien zusammensetzen – Hexagramme genannt werden. Erstaunlich ist, daß der Mensch mit 64 DNS-Molekülketten geboren wird (Erbinformationen). Einige Wissenschaftler sehen daher den engen Zusammenhang zwischen den 64 biologischen Grundstrukturen des Lebens und den 64 Hexagrammen des I Ging. Daher wird das I Ging auch von manchen westlichen Gelehrten als ein vollständiger Katalog der Naturgesetze betrachtet.

Man kann in diesem Zusammenhang auch eine Parallele zur Computertechnik ziehen. So wie im I Ging die beiden Aussagen Yin und Yang grundlegend sind, so werden von elektronischen Rechnern ebenfalls zwei binäre »Wahrheiten« verarbeitet, nämlich »ja« (Impuls) und »nein« (kein Impuls). Diese grundlegenden Impulse der Datenverarbeitung heißen Bit. Sie werden dargestellt durch 1 und 0. Die Bits steuern sämtliche Prozesse eines Computers, so könnte man sagen, daß ein Computer in jeder Sekunde millionenfach den Grundgedanken des »Buchs der Wandlungen« repräsentiert.

Die 64 Hexagramme, die durch die Grundelemente des I Ging entstehen können, haben alle einen Namen und eine spezielle Bedeutung, die von vielen Kommentatoren in verschiedenen Büchern beschrieben wurden. Da eine gründliche Darstellung der Hexagramme hier nicht möglich ist und eine kürzere Beschreibung eine unverantwortbare Verstümmelung darstellen würde, sei an dieser Stelle auf das Verzeichnis weiterführender Literatur im Anhang verwiesen, das auch zur Vertiefung der anderen Themen dieses Buches herangezogen werden kann. Nachfolgend werden daher nur die verschiedenen Methoden der I-Ging-Befragung und die Ansätze zur Auswertung vorgestellt und abschließend ein Einzelbeispiel eines Kommentars gegeben. Wir halten uns dabei an die Terminologie, die Richard Wilhelm in seiner Übersetzung verwendet.

I Ging mit Münzen

Um das I Ging als Orakel zu nutzen, wird häufig die Münzwurfmethode angewandt. Es werden drei Münzen benötigt. Zwar gibt es spezielle I-Ging-Münzen aus Bronze, die in der Mitte ein Loch zeigen und einseitig beschriftet sind, jedoch können problemlos auch beliebige andere Münzen verwendet werden; sie müssen lediglich von gleicher Art sein (also drei Pfennige, drei Groschen und so weiter). Alle Kommentatoren empfehlen vor dem Werfen eine innere Sammlung und die Besinnung auf die Frage. Sie muß – wie beim Tarot – so gestellt sein, daß sie nicht mit einfachem »Ja« oder »Nein« beantwortet werden kann.

Die Münzen werden sechs Mal geworfen. Je nach Ergebnis werden durchgezogene oder geteilte Linien aufgezeichnet, bis ein Hexagramm entstanden ist. Die Aufzeichnung beginnt mit der untersten Linie.

Die Hexagramme, die durch das Werfen gebildet werden, können zum einen ruhende und zum anderen bewegte Linien enthalten. Das heißt, je nach Ergebnis der Befragung haben einige Linien lediglich eine ruhende, das Zeichen aufbauende Bedeutung, während andere dazu dienen, die zunächst entstehende Figur zu einer anderen zu wandeln und dem Orakel so eine weiterführende Aussage zu geben. Es gibt dabei vier Linientypen:

Kopf-Kopf-Kopf	= bewegte, durchgezogene Linie (Wert Neun)
Kopf-Kopf-Zahl	= ruhende, geteilte Linie (Wert Acht)
Zahl-Zahl-Kopf	= ruhende, durchgezogene Linie (Wert Sieben)
Zahl-Zahl-Zahl	= bewegte, geteilte Linie (Wert Sechs)

Die Werte Sechs, Sieben, Acht und Neun sind im Zusammenhang mit der Stäbchenmethode zu verstehen, die im anschließenden Abschnitt erklärt wird. Ruhende Linien werden normal dargestellt, bewegte erhalten einen Punkt, Pfeil oder anderes Zeichen. Beispiel:

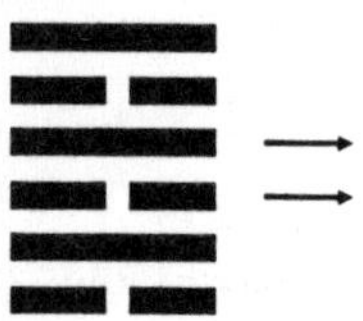

Zahl-Zahl-Kopf	= ruhend, durchgezogen (Sieben)
Kopf-Kopf-Zahl	= ruhend, geteilt (Acht)
Kopf-Kopf-Kopf	= bewegt, durchgezogen (Neun)
Zahl-Zahl-Zahl	= bewegt, geteilt (Sechs)
Zahl-Zahl-Kopf	= ruhend, durchgezogen (Sieben)
Kopf-Kopf-Zahl	= ruhend, geteilt (Acht)

Bei der Wandlung werden die bewegten Linien in ihrer Art genau umgekehrt, das heißt, bewegte geteilte Linien werden zu ungeteilten und umgekehrt.

Die Hexagramme sind sowohl als Gesamtsymbol als auch mit der Bedeutung ihrer einzelnen Linien beschrieben. Bei der Auswertung von sich wandelnden Hexagrammen stellt die erste Figur eine Aussage über die Ausgangssituation in bezug auf die Frage dar, während die gewandelte Figur mehr auf den zu erwartenden Endpunkt einer Entwicklung hindeutet.

Im Gegensatz zu anderen Orakeln, die lediglich eine Situation symbolhaft darstellen, ohne sie zu bewerten, gibt das I Ging exakte Ratschläge zum Verhalten und Handeln, das heißt, es wird ausgesagt, welches Handeln in der gegebenen Situation zu einem positiven oder negativen Ergebnis führen kann. Aber auch dies gilt selbstverständlich nur als Ratschlag; niemand kann sich die Verantwortung für sein Handeln durch ein Orakel abnehmen lassen. Die Erfahrung von I-Ging-Benutzern zeigt jedoch, daß die Beschreibungen der entstehenden Hexagramme oft erstaunlich genau die persönliche Situation treffen, und zwar nicht in der Art einer gewollten Interpretation, wie es sich zum Beispiel bei Zeitungs-Horoskopen anbietet, sondern in der Art einer klaren und praktischen Umschreibung des gegebenen Problems.

I Ging mit Stäbchen

Traditionell wird das I-Ging-Orakel mit 50 Schafgarbenstengeln befragt. Dabei finden nur 49 Stengel Verwendung (7 mal 7 = 49 plus 1 Stengel als Symbol für das Absolute, das vom Spiel unberührt bleibt). Diese Methode beansprucht mehr Zeit als die Münzwurfmethode und ist heute vor allem bei Personen beliebt, die ein gewisses Zeremoniell lieben. Auch hier wird eine ruhige Umgebung, innere Sammlung und die Besinnung auf die Frage empfohlen.

Zunächst werden die 49 Stäbchen willkürlich in zwei Hälften geteilt. Vom rechten Stapel nimmt man anschließend ein Stäbchen und klemmt es zwischen Ringfinger und kleinen Finger der linken Hand. Dann wird der linke Stapel in die linke Hand genommen. Mit der rechten Hand nimmt man je vier Stäbchen aus dem ergriffenen Stapel und legt sie beiseite, bis nur noch vier, drei, zwei oder ein Stäbchen übrigbleiben. Diese übriggebliebenen Stäbchen werden zwischen Mittelfinger und Ringfinger der linken Hand geklemmt. Danach verfährt man mit dem rechten, noch liegenden Stapel ebenso, das heißt, die Stäbchen werden in die linke Hand genommen und zu jeweils vier Stück wieder abgelegt, bis vier, drei, zwei oder ein Stäbchen übrigbleiben. Diese übriggebliebenen Stäbchen werden in die linke Hand zwischen Zeigefinger und Mittelfinger geklemmt. Zusammengezählt ergibt sich nun ein Wert von fünf oder neun Stäbchen in der linken Hand.

Da bei diesem ersten Durchgang jedoch das erste Stäbchen (zwischen Ringfinger und kleinem Finger) nicht mitgezählt wird, ist die Anzahl vier oder acht. Vier Stäbchen erhalten den Wert Drei, acht Stäbchen den Wert Zwei. Der sich ergebende Wert wird notiert. Die Stäbchen der linken Hand werden beiseite gelegt und für die beiden nächsten Durchgänge nicht mehr verwendet.

Mit den verbliebenen Stäbchen verfährt man noch einmal genauso wie eben beschrieben (in zwei Hälften teilen, vom rechten Stapel ein Stäbchen zwischen Ringfinger und kleinen Finger stecken, den linken Stapel nehmen, je vier ablegen und so weiter). Hierdurch verbleiben entweder vier oder acht Stäbchen in der linken Hand (das einzelne Stäbchen zwischen Ringfinger und kleinem Finger wird diesmal mitgezählt). Vier Stäbchen erhalten wieder den Wert Drei, acht Stäbchen den Wert Zwei. Auch dieser Wert wird notiert. Die Stäbchen der linken Hand werden nun wieder beiseite gelegt, und die Prozedur wiederholt sich ein drittes Mal. Die drei auf diese Weise ermittelten Werte werden zusammengezählt. Dadurch ergibt sich ein Gesamtwert von Sechs, Sieben, Acht oder Neun. Dies ist das Ergebnis für die unterste Linie des Hexagramms:

Neun	= bewegte, durchgezogene Linie
Acht	= ruhende, geteilte Linie
Sieben	= ruhende, durchgezogene Linie
Sechs	= bewegte, geteilte Linie

Die Neun wird als das »alte Yang« bezeichnet, die Acht als »junges Yin«, die Sieben als »junges Yang«, die Sechs als »altes Yin«. Durch die fünfmalige Wiederholung der gesamten Prozedur baut sich das Hexagramm des I Ging auf.

Beispiel einer Hexagrammbeschreibung (aus: »I Ging« von Yüan-Kuang, mit freundlicher Genehmigung des Otto Wilhelm Barth Verlages):

Figur 1

Hauptbedeutung
Das vollkommene Kua, die beiden Kiän-Trigramme übereinander, das absolute Gute, der Himmel. Jeder der vom Drachen (der weise Mensch) verfolgten Wege, das heißt die sechs Linien, sind übereinstimmend mit dem Willen des Himmels, und jedes Ding erfolgt zu seiner Zeit, indem es genau nach seiner Natur und seiner Bestimmung gebildet wird. Jedesmal, wenn ein Hexagramm durch die Wiederholung eines gleichen Trigramms gebildet wird, wird der dem einfachen dreilinigen Kua zugeteilte Sinn immer wiederholt. Hier gibt es eine stetige Wiederholung, eine dauernde positive Anstrengung, und der Weissagesinn ist, daß der Weg gut ist, aber daß man seine eigenen Bemühungen nicht einstellen darf. Der Hauptsinn ist der einer großen wohlwollenden Aktivität, die er erhalten muß, dann ist er in Übereinstimmung mit dem Weg des Himmels; die kraftvolle Festigkeit und die Beharrlichkeit sind erforderlich.

Falls sich im Hexagramm bewegte Linien (in diesem Fall also bewegte durchgezogene Linien mit dem Wert Neun) befinden, so können diese folgendermaßen gewertet werden:

Erste Linie
In diesem Fall soll der Ratsuchende wissen, daß »der Drache noch verborgen ist«, was heißt, daß er noch nicht aus sich selbst handeln soll. Es geziemt ihm, sich im Schatten zu entwickeln, indem er den günstigen Moment erwartet. Also nicht handeln, denn der Ratfragende ist noch in einer unsicheren Lage. Der Kommentar fügt hinzu, daß diese Linie dem Ratfragenden anzeigt, nicht nach der Laune der Leute zu wechseln, nicht auf Ruf erpicht zu sein, die Welt noch zu fliehen, nicht danach zu trachten, von anderen geschätzt zu werden, und sich darüber nicht zu grämen. Die Freiheitsbedeutung dieser Linie zeigt, daß man tun kann, was man will: der »verborgene Drache« ist ausdauernd, widersteht den Sorgen und der Entmutigung, gibt nicht auf; er wartet.

Zweite Linie
Der »Drache« ist über dem Reisfeld sichtbar; er ist schon herausgetreten und zeigt sich. Für den Ratsuchenden ist es vorteilhaft, einen großen Menschen zu sehen, um sich helfen zu lassen und seinen wohltuenden Einfluß in sich aufzunehmen. Es bedarf indessen noch viel Umsicht und Klugheit, um gegen die Lüge auf der Hut zu sein. Da es sich nur noch um ungewichtige Worte und belanglose Taten handelt, muß er seine Worte in acht nehmen und umsichtig sein.

Dritte Linie
Der Ratsuchende hat noch nicht eine relativ niedrige Lage verlassen im Hinblick darauf, was er in Wahrheit will; aber er ist voreingenommen von Furcht, und obwohl er furchtsam ist, muß er weise sein, um Irrtum und Fehler zu vermeiden. Indessen trachtet man danach, zu ihm zu gelangen, die Menschen suchen ihn zu sehen und sich ihm zu nähern, und er muß klug sein. Obwohl auf einen gefahrvollen Platz gestellt, begeht er keine Fehler, wenn er seine ruhige Sorgfalt und seine Umsicht bewahrt.

Vierte Linie
Der »Drache« springt in den Abgrund; es gibt also einen Gedanken an Wechsel, Verbesserung, einen Augenblick von Ungewißheit über die Zweckmäßigkeit, vorzugehen oder zurückzuweichen. Wenn man die Zweckmäßigkeit und Angemessenheit des Augenblicks kennt, wird es keinerlei Schuld oder Straffälligkeit geben. Der Ratsuchende muß also schließlich den günstigen Augenblick zu handeln abschätzen. Es besteht die Möglichkeit aufzusteigen, ohne daß die Notwendigkeit dazu bestünde.

Fünfte Linie
Der »Drache« fliegt in den Himmel, was besagen will, daß, wenn die Lage des Ratsuchenden gehoben ist, es indessen immer von Vorteil für ihn sein wird, sich Rat zu holen; aber die Entsprechung mit der 2. Linie wird hier im gleichen Rat erhärtet. Wenn der Ratsuchende durch die 2. Linie des Kua Kiän interessiert danach trachtet, einen größeren Menschen (dargestellt durch die 5. Linie) zu befragen, hat der durch die 5. Linie interessierte Ratsuchende jeden Gewinn, einen bedeutenden und weisen, aber einem unteren Rang entsprechenden Menschen zu befragen. Denn jede höhere Anleitung birgt Gefahren von Ungerechtigkeit, und allein der Rat eines begabten, aber auf der Ebene derjenigen, die man leitet, stehenden Menschen kann den erleuchten, der eine hohe Stellung einnimmt.

Sechste Linie
Die äußerste Grenze ist überschritten, denn die 5. Linie ist die höchste im mystischen Gleichgewicht des Hexagramms. Es geht also schon zurück, denn es gibt Übermaß an Erhebung. Allein der Weise weiß vorzugehen und zurückzuweichen, zu bleiben und zu verschwinden, ohne jemals in seinen Handlungen sich Überschreitungen zuschulden kommen zu lassen. Was völlig beendet ist, kann nicht lange dauern und muß sich notwendig ändern. Der Mächtige und Blinde ist zu voreingenommen von sich selbst, als daß man ihm helfen

und beistehen wollte; außerdem ist sein tragisches Ende nahe.

Das hier gezeigte Beispiel einer Hexagramminterpretation ist typisch für Kommentare zum I Ging. Darüber hinaus soll das I Ging jedoch eine Bedeutung auf sieben Ebenen haben, nur in mündlicher Form in den sogenannten »torelosen Klöstern« (taoistische Klöster in China) unter der Verpflichtung zu strengem Stillschweigen vermittelt werden.

Kabbala

Das Wort Kabbala stammt von dem hebräischen Begriff »qabal« (kibel) ab und bedeutet »empfangen«. Frei übersetzt wird Kabbala mit der »Lehre, die oben empfangen wird«. Im allgemeinen verbindet sich mit Kabbala die Vorstellung einer mystisch-symbolischen Numerologie. In Wirklichkeit stellt diese kabbalistische Zahlenmystik (sie wird auch Gematria genannt) nur einen Aspekt einer umfassenden esoterischen Weltenlehre dar.

In ihrem Wesen ist die Kabbala eine jüdische Geheimlehre mit einer langen, abgeschirmten Tradition. Bis etwa zum zwölften Jahrhundert wurden die Lehren der Kabbala in Tempeln und Synagogen ausschließlich von Mund zu Ohr, von Meister zu Schüler weitergetragen, so daß bis dahin keine schriftlichen Aufzeichnungen existierten. Aus diesen Zeiten dürften die in esoterischen (besser gesagt: okkulten) Kreisen häufig benutzten Begriffe von »Eingeweihten«, »Weißen Bruderschaften« oder anderen Geheimbünden stammen, die den Zugang zur Kabbala und zur Esoterik allgemein für normale, praktische Menschen erschwerten.

Dabei könnte gerade die Kabbala mit ihrem jüdischen und damit auch biblischen Hintergrund für den Westen eher zugänglich sein als die für viele schwieriger zu begreifende vedische Tradition. Das Grundthema der Kabbala ist die Beziehung des Menschen zu Gott und der Welt. Die Kabbalisten wurden früher als »Himmelsstürmer« beschrieben, doch in der heutigen Betrachtungsweise stellen sie in erster Linie praktische Menschen dar, die sich nicht in endlosen, komplizierten, theoretischen Studien von heiligen Schriften verlieren, sondern ihr Herz dem realen Leben und dem Nächsten zuwenden. Trotzdem bleibt die Kabbala aufgrund ihrer Komplexität für den Anfänger schwer durchdringbar. Der bekannte Kabbala-Experte Dr. Heinrich Benedikt faßt die Bereiche, denen sich die Kabbala widmet, in drei Punkten zusammen:

- Die Meisterung des realen Lebens, das Zurechtkommen in der Welt und der Friede mit dem Mitmenschen.
- Der Zugang zum Ursprung, unserem Kern und Wesen (die Befreiung des göttlichen Keimes in uns und allen Dingen).
- Die Arbeit an sich selbst.

Urbild, Werkzeug und Hilfsmittel des kabbalistischen Weges ist das Symbol des Lebensbaums, ein komplexes, harmonisch gegliedertes Gebilde, das wie ein tibetisches Meditationsbild (Mandala) benutzt werden kann. Der Baum als Urbild des Lebens ist auch in anderen Kulturen zu finden. Die Kabbala betrachtet ihn als Urgestalt des Universums und des Menschen, des Makrokosmos und des Mikrokosmos.

Der kabbalistische Baum gliedert sich in zehn sogenannte »Örter« und 22 Pfade, die sie verbinden. Die zehn in den Darstellungen numerierten Örter werden auch »Sefirot« (Ziffer) genannt. Sie verkörpern nach kabbalistischem Glauben die zehn Urgewalten Gottes, die zehn Kräfte oder Aspekte, in denen sich das Göttliche manifestiert. Unterteilt sind die Örter in eine Dreiheit und eine Siebenzahl, entsprechend der Dreieinigkeit Gottes und den »sieben Sphären« der Schöpfung (sieben Schöpfungstage) oder dem Dreiklang und den sieben Tönen der Oktave in der Musik, den sieben Farben des Regenbogens und so weiter.

Die 22 Pfade spiegeln im kabbalistischen Gedankennetz die verschiedenen inneren Erfahrungen der menschlichen Seele auf ihrem Entwicklungsweg wieder (vergleiche die 22 Großen Arkana im Tarot). Es sind gleichzeitig die 22 Buchstaben des hebräischen Alphabets.

Die Kabbala sieht alles Geschehende im Leben als Wechselspiel gegensätzlicher Kräfte, die sich in ihrem Wesen jedoch ergänzen. Da alles Leben auf Polarität beruht, zeigt der kabbalistische »Baum des Lebens« zwei äußere Säulen oder Pfeiler, die der Dualität symbolisch entsprechen. Zwischen diesen beiden Säulen spannt sich von der Wurzel bis zur Krone die »Säule des absteigenden Lichts«, des Bewußtseins und des Gleichgewichts. Diese Säule ist gewissermaßen der zentrale Nerv des Baums. Sie zeigt die Richtung allen Strebens und aller Evolution. Sie eint die Gegensätze, indem sie sie sammelt und auf den gemeinsamen Ursprung und das Ziel ausrichtet. Das menschliche Leben ist somit dargestellt als ein Pendeln zwischen den beiden äußeren Säulen, zwischen den Gegensätzen, und dem Ausrichten auf die Mitte, auf das innere Gleichgewicht.

Nach dem Glauben der Kabbalisten offenbart der »Baum des Lebens« eine Vielzahl an spirituellen Zusammenhängen, vom Verständnis der elementaren Grundgesetze des Daseins über Einsichten in die energetischen und symbolhaften Ausdrucksformen der Seele bis zu den großen Mysterien des Geistes ein großes Potential. Wer die zehn Aspekte (Örter) in ihrer Symbolik und ihren Querverbindungen entschlüsselt, erhält ein Werkzeug zur Erkenntnis der tiefsten Geheimnisse der Schöpfung und der menschlichen Seele.

Um solchermaßen Zugang zum »Baum des Lebens« zu gewinnen, ist es notwendig, mit den zehn Örtern und den durch sie dargestellten Energien vertraut zu werden. Hierbei wird nicht die Betrachtung und das Verständnis von außen, sondern die Erfahrung im eigenen Selbst gefördert. Diese innere Erfahrung wird bei den Kabbalisten durch verschiedene Methoden erreicht, zum Beispiel durch die »Sprache« der Farben, Formen und Symbole, also durch bestimmte Meditationen, auch durch Gebete und die tonlose oder gesungene Wiederholung heiliger Namen (Mantren), wie es auch in vielen östlichen Meditationen geschieht. Das Studium der Kabbala ist somit eng mit Selbsterfahrung verbunden. Ohne diesen inneren Zugang bleibt die Kabbala quasi sinnlos.

Kartenlegen

Die Karten, die man heute beim Skat oder Bridge mit Begeisterung spielt, wurden ursprünglich für Persönlichkeitsanalysen, Meditationen und Zukunftsdeutungen benutzt. Sie haben sich aus dem Tarot (ausgesprochen: Taró) entwickelt und besaßen ein anderes, symbolintensiveres Erscheinungsbild. Aber auch das traditionelle Tarot ist uns erhalten geblieben und dient einem ständig wachsenden Personenkreis als Lebenshilfe. Das bekannteste Tarot-Spiel ist das sogenannte Rider-Tarot (ausgesprochen: Reider-Taró).

Über die Herkunft des Tarot gibt es viele Spekulationen und Meinungen. Einige glauben, die Bildsymbole der Karten in den Wandbildern des Tempels vom Memphis wiederzuerkennen, andere sagen, das Tarot sei von den Sinti und Roma aus Indien eingeführt worden. Wiederum andere meinen, das Tarot habe im alten Ägypten eine wichtige Rolle bei Einweihungsriten gespielt. Im 15. Jahrhundert fertigte der Maler Bonifacio Bempo für den Fürsten Visconti von Mailand ein Kartenspiel mit 78 Blättern an, darunter 22 Trumpfkarten, das »Tarocchi« genannt wurde. Das Spiel des Malers Bempo spiegelt die gesellschaftlichen Strukturen wider (König, Königin, Ritter und Bube), also Symbole, die zum Teil auch auf den heutigen Spielkarten zu finden sind.

Es gibt mehrere Methoden, das Tarot zu verwenden. Zum einen dient es als Orakel, also zur Zukunftsdeutung, zum anderen zur Erforschung und Entfaltung des Bewußtseins und daneben zur therapeutischen Interpretation von unbewußten Vorgängen in der Tiefenpsychologie, wie sie vor allem von C. G. Jung praktiziert wurde. Nach dem bekannten Tarot-

Experten Arthur Edward Waite spiegeln die Karten hauptsächlich universelle Ideen wider, in denen alle Entwicklungen des menschlichen Geistes verborgen sind. Sie dienen nach Waites Meinung daher weniger als reine Orakelwerkzeuge, vielmehr symbolisieren die Bilder des Tarot eine geheime Lehre, die im Innern eines jeden Bewußtseins eingebettet ist.

Die in der heutigen Zeit am häufigsten angewandte Form des Kartenlegens mit dem Tarot ist die zur Zukunftsdeutung. Dies ist gleichzeitig auch die umstrittenste Anwendung, denn wie sollen die nach dem Zufallsprinzip gemischten Karten und die sich daraus ergebende Willkür der Reihenfolge beim Auslegen einen realistischen Hinweis auf die persönliche Zukunft geben? Tatsächlich kann das Zufallsprinzip jedoch sehr aufschlußreich sein. Wenn man zum Beispiel von einer großen Wurst eine Scheibe abschneidet, kann man sehr exakt die Beschaffenheit der gesamten Wurst beurteilen, gleichgültig, an welcher zufälligen Stelle die Scheibe abgeschnitten wurde. So wie eine Wurst eine »Gesamtheit« darstellt, stellen auch die Bilder der Tarotkarten die wesentlichen Lebenssituationen eines Menschen in ihrer Gesamtheit dar. Daher erlaubt das zufällige Auslegen einzelner Karten einen Einblick in eine bestimmte Lebenssituation. Dies muß nicht unbedingt ein Einblick in die Zukunft sein, es kann sich auch um die Widerspiegelung eines augenblicklichen Seelenzustandes handeln.

Die Aussage eines Orakels ist allerdings niemals starr und beurteilend, das heißt, es werden bei einem Zukunftsorakel nur *mögliche* Entwicklungen widergespiegelt. Dies kann zum Verständnis der persönlichen Situation sehr hilfreich sein. Der Fragende bekommt durch das Orakel sozusagen das Werkzeug der Selbsterkenntnis in die Hand, mit dem er seine Probleme besser meistern kann. Wenn man das Orakel in diesem Sinne versteht, stellt es eine positive Lebenshilfe dar.

Das Tarot als Orakel

Das Tarot besteht aus 78 Karten. Sie sind eingeteilt in 22 sogenannte Große Arkana und 56 Kleine Arkana. Das Wort Arkanum kommt aus dem Lateinischen und bedeutet »geheim«.

Die 22 Großen Arkana sind von I bis XXI durchnumeriert; das erste (oder letzte) Große Arkanum hat keine Nummer und stellt die Figur des »Narren« dar. (Diese Karte ist in den modernen Spielen die Jokerkarte.) Die Großen Arkana symbolisieren die wesentlichen Entwicklungsschritte des Menschen. Vielfach wird in diesem Zusammenhang von den 22 Stufen der Erkenntnis gesprochen. C. G. Jung sah in diesen Karten die Archetypen der Psyche, deren Kräfte im Unbewußten der Persönlichkeit wirken. Die 56 Kleinen Arkana teilen sich in vier Gruppen: Stäbe, Kelche, Schwerter und Münzen. Zu jeder Gruppe gibt es König, Königin, Ritter, Bube und die Karten 10 bis As (1). In den Kleinen Arkana werden verschiedene Ebenen der menschlichen Wirklichkeit widergespiegelt, die Aufschluß über die näheren Umstände einer Situation geben. Jede Gruppe hat ihre eigene Bedeutung. Die Stab-Karten beziehen sich auf Vitalität, Handeln, Erdverbundenheit, Optimismus, Tatendrang und Selbstvertrauen. Die Stäbe haben also mit dem Wirken in der materiellen Welt zu tun. Sie werden auch oft dem Element Feuer zugeordnet. Die Kelche sind dem Element Wasser verbunden. Sie repräsentieren das Empfangen (von Energie, Inspiration und so weiter), die Hingabe, Erfahrung und Erkenntnis. Sie stellen jedoch kein passives Prinzip dar, sondern mehr die Fähigkeit zum bewußten Wahrnehmen. Die Schwert-Karten spiegeln verstandesabhängige Qualitäten wider (analytisches Denken, Vernunft, Organisationstalent, Kritik, aber auch Wut, Sorgen, Kummer). Sie sind dem Element Luft zugeordnet und sorgen sozusagen für »frischen Wind«, für Bewegung und im Idealfall für Klarheit. Die Münz-Karten schließlich, die zum Element Erde gehören, machen Aussagen über das tiefere Verständnis der Lebenszusammenhänge und deren sinnliche Erfahrung. Sie repräsentieren sowohl materiellen als auch geistigen Reichtum, der durch die menschliche Entwicklung gewonnen werden kann.

Wenn man also Tarot-Karten für ein Orakel auslegt (die verschiedenen Methoden werden noch beschrieben), betrachtet man die Karten nicht isoliert, sondern im Zusammenhang. Bei einigen Methoden wird auch beachtet, ob sie sich in normaler Lage oder auf dem Kopf stehend zeigen. Allgemein schwächen sich die umgekehrt liegenden Karten in ihrer Aussagekraft ab. Die Ansichten gehen hier allerdings auseinander. Zunächst die Beschreibung der Großen Arkana, die für die Deutung besonders wichtig sind.

Die Großen Arkana

0 – Der Narr
Ein Hans Guckindieluft, der von großen Zielen träumt und die unmittelbare Umgebung außer acht läßt. Es ist der Typ, der den Weg zu sich selbst noch nicht kennt und der durch Fehler nicht lernt. Diese Karte dient somit als Anstoß zur Selbstbesinnung. Nach anderer Leseart kann der Narr auch die vollkommene Weisheit, den Geist auf der Suche nach Wahrheit oder das unschuldige Glück bedeuten. Bei dieser positiven Beurteilung trägt die Person alle Fähigkeiten in sich, nur sind sie ihr nicht bewußt.

I – Der Magier (auch: Gaukler)
Die Karte symbolisiert die Fähigkeit, Unternehmungen mit Hilfe von guten oder undogmatischen Einfällen zu verwirklichen. Es ist der Ansporn zur Entschlossenheit und Willenskraft, wobei diese Tugenden ohne Kampfgeist angewendet werden sollen. Die Kraft des Magiers entspringt dem Geist.

II – Die Hohepriesterin
Die Hohepriesterin stellt die innere Welt, das weibliche Prinzip dar. Durch intuitives Beachten von verborgenen Natur-

gesetzen können sich die Dinge zum Guten wandeln. Es ist richtig, die Intuition, das Gefühl als Entscheidungsträger zu akzeptieren.

III – Die Herrscherin

Die Herrscherin wählt die Liebe zum Leben und den Genuß am Handeln. Sie ist ein Symbol für die allumfassende Fruchtbarkeit. Die sinnliche Erfahrung, das bewußte Tun, die Durchführung einer Idee (in jedem Lebensbereich) und die Begeisterung bringen Erfüllung. In umgekehrter Lage soll diese Karte eher verschwendete Energie und Sinnestäuschung darstellen.

IV – Der Herrscher

Der Herrscher repräsentiert Gesetz und Ordnung. Es ist die Karte der äußeren Welt, der (Selbst-)Beherrschung, der Autorität und der regelnden Kraft. Ein bestehendes Chaos kann durch diese Kraft geordnet werden. Die Karte wird von Interpretatoren auch als Hinweis auf einen bevorstehenden Konflikt gedeutet. In umgekehrter Lage soll sie ein Hinweis auf Verfehlungen sein.

V – Der Hohepriester

Diese Karte dient dazu, Orientierung und Sicherheit in einer Erkenntnis zu finden, die man durch Erfahrung, Belehrung oder Schrift gewonnen hat. Sie ist also ein Hinweis, daß der eingeschlagene Weg richtig ist. Gleichzeitig kann diese Karte zur kritischen Betrachtung der bisherigen Moral- und Glaubensvorstellungen anregen.

VI – Die Liebenden (auch: Die Entscheidung)

Diese Karte symbolisiert die bewußte Erfahrung von Einheit. Im allgemeinen wird sie mit der Beziehung zwischen den Geschlechtern in Verbindung gebracht (im positiven Sinne), sie kann jedoch auch auf überwundene Schwierigkeiten und die Erfahrung der Einheit mit sich selbst (Auflösung des Ego, Einheit von Herz und Verstand . . .) deuten.

VII – Der Wagen (auch: Der Triumphwagen)
Der Triumphwagen deutet auf Sieg (auch geistigen Triumph), Gelingen und Erfolg im Übermaß. Jedoch sollte aus dem Willen zum Gewinn keine starre, egoistische Haltung erwachsen, weil diese entgegenwirkende Kräfte hervorbringt.

VIII – Die Kraft (auch: Die Gerechtigkeit)
Wie schon der Name der Karte andeutet, steht sie für Energie, Mut, Entschlossenheit, innere Stärke und Tatendrang. Sie symbolisiert eine günstige Gelegenheit, gesteckte Ziele zu verwirklichen. Nach der anderen Lesart (Die Gerechtigkeit) deutet sie auf das Vermögen hin, entgegengesetzte Kräfte zu vereinen oder ins Gleichgewicht zu bringen.

IX – Der Einsiedler (auch: Der Weise, Der Eremit)
Die Natur des Einsiedlers ist es, sich von der äußeren Welt zurückzuziehen und sich auf sein Inneres zu besinnen. In der Hektik des Alltags vergißt man leicht die Kräfte aus der Stille, mit denen alle Situationen besser gemeistert werden können. Andererseits kann diese Karte auch ein Hinweis auf überschätzte Fähigkeiten, Falschheit und Abwendung von nützlichem Rat sein.

X – Das Rad des Lebens (auch: Das Glücksrad)
Das Rad als Symbol des Lebens wird sehr häufig und in vielen Kulturen verwendet, weil es deutlich macht, daß sich das Leben fortbewegt und es keinen Sinn hat, an Dingen festzuhalten, die der Wandlung unterworfen sind. Mit diesem Verständnis kann Leid vermieden werden. Günstig ist, die auftretenden Veränderungen anzunehmen. Nach einer anderen Lesart symbolisiert das Glücksrad die Negation des Zufalls und die damit verbundene Vorstellung der Vorherbestimmung von Ereignissen.

XI – Die Gerechtigkeit (auch: Die Kraft)
Offenbar ist nicht eindeutig, wie die achte und elfte Karte zu bezeichnen sind (siehe oben). Viele sehen die Gerechtigkeit

im Zusammenhang mit dem Herrscher, das heißt, die Gerechtigkeit (der Richter) stellt den nach innen gewandten Herrscher dar, der auf weltliche Machtausübung verzichtet und von der Ebene innerer Harmonie aus die Dinge des Lebens ins Gleichgewicht bringt. Nach einer weniger romantischen Lesart deutet diese Karte die »Ernte« dessen an, was man in der Vergangenheit gesät hat. Falls man Fehler gemacht hat, werden sich demnach entsprechende Resultate ergeben. Aber auch dies kann positiv sein, wenn man daraus eine Erkenntnis zur Vermeidung künftiger Irrtümer gewinnt.

XII – Der Erhängte (auch: Die Prüfung)
Diese Karte hat eine weit weniger negative Bedeutung, als es zunächst scheint. Auf den meisten Tarot-Sets wird die an den Füßen erhängte Person in einem entspannten Zustand dargestellt. Einige glauben, dieses Symbol führe auf den Gott Odin aus der germanischen Edda zurück, der neun Tage an einem Baum gehangen haben soll, um die Weisheit der Runen zu erlangen. Entsprechend wird die Karte interpretiert: Wer aus der persönlichen Situation eine Erkenntnis gewinnt oder einen tieferen Sinn darin sieht, wird Vorteile aus den künftigen Handlungen gewinnen.

XIII – Der Tod
Der Tod ist ein Abschluß. Er zeigt, daß etwas Gewesenes ein Ende gefunden hat. Sich weiter daran zu klammern ist sinnlos. Die Karte kann auch ein Hinweis auf die eigene Trägheit und innere Leere sein. Es ist vorteilhaft, sich dem Neuen zu öffnen.

XIV – Die Mäßigkeit (auch: Der Ausgleich)
Durch die Fähigkeit zum Ausgleich (das rechte Maß finden) können scheinbare Gegensätze vereint werden. Diese Fähigkeit wird durch den Zustand innerer Harmonie erreicht, der erlaubt, sich in die Situation anderer zu versetzen und daraus Erkenntnisse für das eigene Handeln zu gewinnen.

XV – Der Teufel

Der Teufel symbolisiert den Irrglauben, die Sünde und ureigene Triebkräfte. Diese Kräfte können jedoch auch Erfüllung im besten Sinne bringen, wenn sie nicht sich selbst überlassen werden. Meist ist hierfür eine größere Anstrengung notwendig. Nach einer anderen Lesart deutet diese Karte etwas Unabwendbares, Vorherbestimmtes an.

XVI – Der Turm (auch: Die Zerstörung)

Die Lesarten für diese Karte sind sehr verschieden. Einige Interpretatoren bringen sie mit der vorhergehenden Karte (Der Teufel) in Verbindung, wobei gesagt wird, daß die entfalteten Triebkräfte nicht unterdrückt, sondern in das Handeln integriert werden sollen. Nach einer anderen Lesart deutet der Turm allgemeine Veränderungen auf politischer, wirtschaftlicher und gesellschaftlicher Ebene an. Auf das persönliche Leben bezogen wird besonders davor gewarnt, sich Unternehmungen zu widmen, die widernatürlich und lebensfeindlich sind.

XVII – Der Stern

Der Stern symbolisiert eine friedvolle Zeit, Ruhe und den sanften Fortgang der Dinge (wie ein klarer Sternenhimmel) Übertriebene Aktivität wäre unnatürlich. Sorgen und Ängste sind nicht notwendig. In umgekehrter Lage sprechen einige Interpretatoren von dem Hinweis auf innere Unsicherheit und auf ungenutzte Möglichkeiten.

XVIII – Der Mond

Die Mond-Karte symbolisiert die noch nicht vollkommen entwickelte geistige Energie. Es ist mehr eine Vorahnung auf die Möglichkeiten, die das Leben zu bieten hat. Dieses Gefühl ist richtig. Zu viele Zweifel und Ängste wären daher ungünstig. Vertrauen auf das eigene Selbst und kluger Rat von anderen führen auf dem Entwicklungsweg weiter.

XIX – Die Sonne
Durch die Überwindung der Furcht können sich geistige Kräfte voll entfalten. Die Sonne bringt Kraft und Fülle und neues Glück. Auch die Zuordnung der Karte zur Zahl 19 ist natürlich kein Zufall: Die 19 ist eine Glückszahl, die besagt, daß alles Erreichbare (oder Erwünschte) der eigenen Erfahrung zugänglich gemacht werden kann.

Das Auslegen der Karten

Es gibt mehrere Methoden, die Tarotkarten auf eine bestimmte Fragestellung hin auszulegen. Seriöse Tarotspieler raten, nie eine Frage zu stellen, die nur mit »ja« oder »nein« beantwortet werden kann. Wenn man zum Beispiel in einer Beziehung unsicher ist, sollte die Frage etwa »Wie wird sich die Beziehung zu . . . entwickeln?« lauten und nicht »Soll ich mit . . . zusammenbleiben?«.

Allgemein wird empfohlen, dem Tarot Ruhe und Zeit zu widmen. Die Fragestellung sollte während des Mischens verinnerlicht werden. Zur besseren Klarheit kann man die Frage auch aufschreiben. Vor dem Mischen nimmt sich der Anwender des Tarot eine beliebige Karte, die seinem Empfinden nach gut auf ihn selbst paßt oder seine momentane Stimmung widerspiegelt. Dies ist die »Grundkarte«. Dann werden die übrigen Karten gut gemischt, bevor man sie auslegt.

Zu den einfachsten Legemustern zählen drei Reihen zu je drei Karten. Dabei repräsentiert die oberste Reihe die Vergangenheit, die mittlere die Gegenwart und die unterste die Zukunft. Die Grundkarte liegt unter den drei Reihen. Diese Legemethode eignet sich für ganz allgemeine Befragungen.

Wenn zu einem speziellen Problem eine Entsprechung im Tarot gesucht wird, kann man sieben Karten nach dem abgebildeten Muster legen. Die erste steht für die Ausgangssituation, die zweite für das Problem, zu dem man eine Antwort wünscht, die dritte für den Ansatzpunkt, das Problem zu lö-

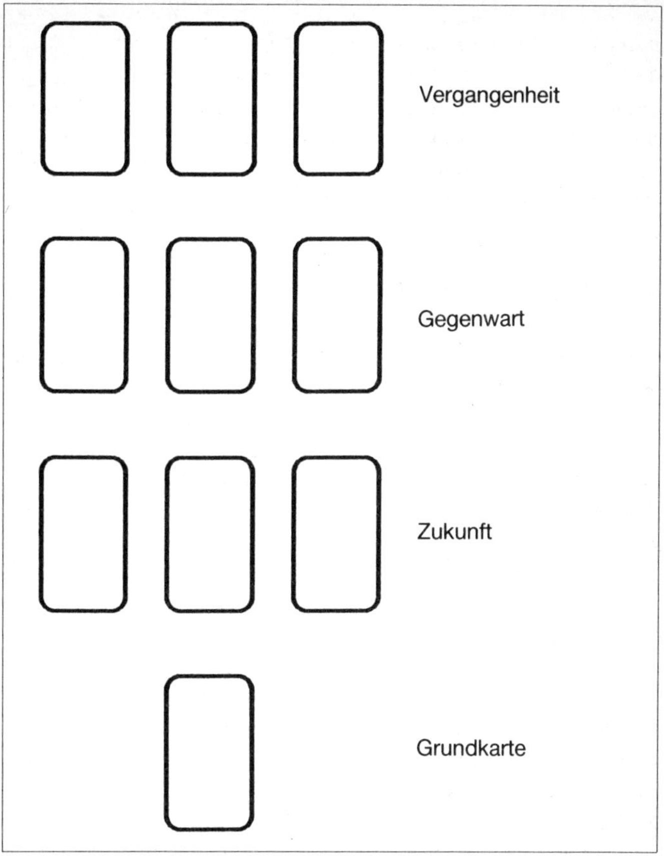

Ein einfaches Legemuster zum Tarot

sen, die vierte für die dazu notwendigen Handlungen, die fünfte für Kräfte, die von außen wirken, die sechste für Hoffnungen und Ängste in der Angelegenheit und die siebte für die weitere Entwicklung und den möglichen Ausgang.

Eine weitverbreitete Legeform ist das sogenannte keltische Kreuz. Hierbei werden neben der Grundkarte zehn Karten ausgelegt. Die Karten repräsentieren folgendes: Er-

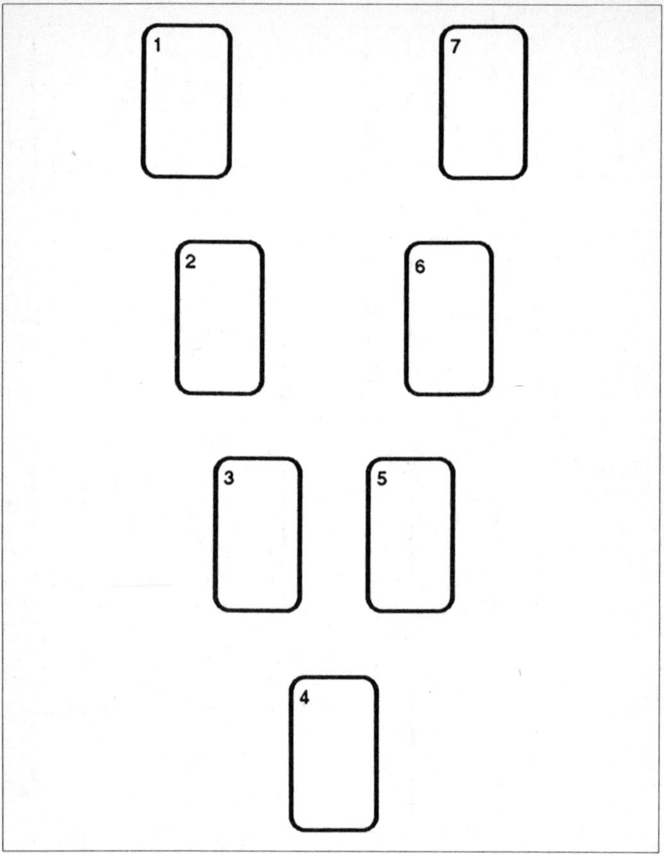

Sieben Karten für ein Tarot-Orakel

ste Karte – Ausgangssituation (auch: die Haltung des Fragenden in der Angelegenheit). Zweite Karte – äußere Einflüsse (auch: Hindernisse). Dritte Karte – Zielvorstellung in der Angelegenheit. Vierte Karte – Anlagen, Fähigkeiten, Möglichkeiten, mit denen die Angelegenheit behandelt werden kann. Fünfte Karte – Umstände, die zur Ausgangssituation geführt haben (auch: Gefühle, Handlungen, Ereignisse,

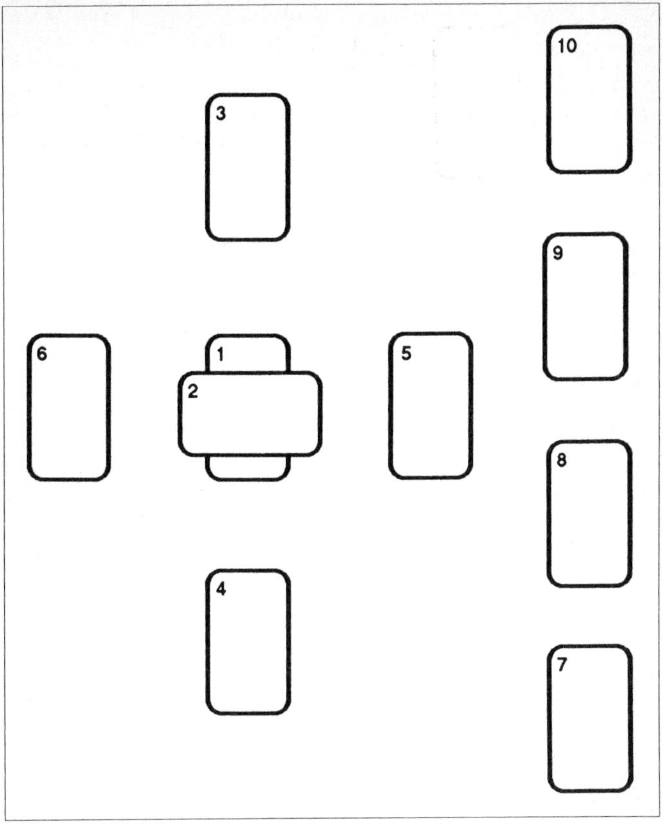

Das Keltische Kreuz

von denen man sich durch die Angelegenheit entfernt). Sechste Karte – der Einfluß, den die Angelegenheit auf den Fragenden ausübt (auch: die Strömung, von der der Fragende erfaßt wird). Siebte Karte – persönliche Einstellung in der Angelegenheit. Achte Karte – Heim, Menschen, Beziehungen, die ihren Einfluß ausüben. Neunte Karte – Hoffnungen und Ängste in der Angelegenheit. Zehnte Karte – weitere Entwicklung, möglicher Ausgang.

Neben diesen Legemustern gibt es noch einige andere, seltener angewandte Methoden, zum Beispiel das sternförmige oder kreisförmige Auslegen, wobei die Grundkarte jeweils in der Mitte liegt. Sinnvoll ist daher, durch Übungen festzustellen, welche Methode die besten persönlichen Erkenntnisse bringt.

Magie

Noch mehr als der Begriff »Esoterik« ruft der Begriff »Magie« eine schauerliche Assoziationskette hervor. Gedanken an mysteriöse Rituale, Geheimkräfte, böse Geister, Beschwörungen, finstere Zusammenkünfte werden wach, wenn man von Magie spricht. Geheimnisvoll ist der Begriff in jedem Fall, weil sich sein Ursprung nicht eindeutig festlegen läßt. Gemeinhin wird Magie als »Zauberkunst, Geheimkunst« und die Möglichkeit, sich übernatürliche Kräfte nutzbar zu machen, dargestellt. Die Magier selbst betrachten ihre Kunst als das Arbeiten mit Kräften des Jenseits im Diesseits, das Erzeugen von Wirkungen in der irdisch-materiellen Welt mit Kräften einer erdfremden-jenseitigen Welt. Es gibt viele magische Zirkel, Orden und Bruderschaften, die jeweils einer eigenen Lehre, Richtung oder einem (magischen) Vorbild nacheifern beziehungsweise bestimmte humane (oder auch egoistische) Ziele verfolgen.

Der schlechte Ruf, den die Magie heute hat, ist teilweise auf Gruppen zurückzuführen, die den Begriff »Magie« ohne entsprechende Ambition verwenden. So gibt es beispielsweise geheime Treffen von Personen, die »magische« Sexualrituale ausüben, etwa die »Einweihung« einer nackten, teilweise enthaarten »Hexe« durch symbolisches Auspeitschen, was mit der Magie von Personen, die ernst genommen werden wollen, nichts zu tun hat.

Aber auch innerhalb der ernsthaften oder traditionellen magischen Zirkel herrschen Meinungsverschiedenheiten über die Praktiken, Ziele und geistigen Inhalte der Magie. Insbesondere wird vielfach zwischen »weißer« und »schwarzer« Magie unterschieden, wobei dann die weiße Magie positiven Zielen dient, die schwarze negativen. Allerdings hängt die Beurteilung der magischen Resultate im wesentlichen vom subjektiven Empfinden ab. Wäre es beispielsweise »weiß«, wenn ein Magier in der Lage sein sollte, das Lottoziehgerät dahingehend magisch zu beeinflussen, daß seine getippten Zahlen fallen, nur weil es für ihn positiv ist? – Viele Magier sprechen daher nicht mehr von weißer und schwarzer Magie, sondern von hoher und niedriger Magie. Mit der niedrigen Magie werden persönliche, materielle und immaterielle Ziele verfolgt (Wohlstand, Ansehen, Einfluß usw.) mit der hohen Magie menschliche Vervollkommnung, Selbstfindung, Gottesfindung angestrebt.

Realistisch betrachtet stellt Magie stets den Impuls »Mein Wille geschehe« dar, gleichgültig, ob es sich um weiße, schwarze, hohe oder niedrige Magie handelt. Eine Selbst- und Gottesfindung (was für viele Glaubensgruppen das gleiche ist), beruht nach herkömmlichem Verständnis jedoch auf der Bewußtseinshaltung »Dein Wille geschehe«. Magie zählt also weniger zu den Techniken der selbstlosen Spiritualität, als zu den Techniken der Schicksalsbeeinflussung und -bewältigung. Insofern erübrigt sich eigentlich eine Bewertung in weiß/schwarz, hoch/niedrig, weil es jedem Menschen – und natürlich auch dem esoterisch ausgerichteten Menschen – freisteht, sich mehr mit weltlichen oder mehr mit rein geistigen Dingen zu beschäftigen. So bleibt also als sinnvolle Unterscheidung die zwischen ernsthafter Magie und solcher, die man als spielerische Magie bezeichnen könnte. Bei der spielerischen Magie dienen die Übungen eher einem Zeitvertreib oder Hobby, bei der ernsten Magie wird eine disziplinierte, gründlich geschulte magische Praxis betrieben.

Traditionelle magische Zirkel behaupten, daß in der Vollkommenheit eines magischen Werks innere und äußere Kräfte zusammentreffen und die Realisation des gewünschten Ziels erreichen. Dabei gehören zur magischen Übung fünf Aspekte:

1. Die Kenntnis von den allen Dingen innewohnenden Gesetzen und den formellen Zeremonien beim Umgang mit ihnen.
2. Die Kenntnis von der Ungefährlichkeit des magischen Weges.
3. Die Kenntnis von der Kontaktaufnahme zur magischen Kraft.
4. Die Kenntnis von der Vorbereitung eines magischen Werks.
5. Die Kenntnis von der Hingabe an das magische Werk beziehungsweise die Fähigkeit hierzu.

Für ein magisches Werk kann jeder denkbare Wunsch als Grundlage genommen werden, sei er weltlich, geistig, persönlich, überpersönlich. Im Mittelalter galt das magische Wirken vielfach dem Abschwören von Geistern, der Erzeugung von Astralwesen oder der Herstellung von Zaubertränken und so weiter. Heute reicht die Wirkpalette vom Anhäufen größeren Reichtums bis zum Weltfrieden. Dies ist nicht unbedingt negativ zu beurteilen; jeder Wunsch hat seinen Grund (besser: seine seelisch-psychologische Ursache) und damit auch seine Daseinsberechtigung. Ihn zu materialisieren ist der eine Weg, sich von seiner bindenden Wirkung zu lösen, ihn zu transzendieren der andere Weg. Der Magier wählt die Materialisation.

Zur Durchführung eines magischen Werkes bedient sich der Magier verschiedener Hilfsmittel, denen er jedoch keine Eigenkraft zuspricht, sondern die er als Stellvertreter, als Sinnbilder für Wirkkräfte versteht. So ist das Kruzifix Stellvertreter des Göttlichen, das Pentagramm Stellvertreter des Mikrokosmos und anderes mehr. Zu den einzelnen magischen Übungen benutzt der Magier viele Hilfsmittel. Hierzu zählen schwarze Spiegel, Kristallkugeln, Stäbe, Bilder, Edelsteine, Zirkel, Tücher, Trommeln, Glocken und so weiter. Zur Stimulation der Atmosphäre dienen Räucherungen (Weihrauch, Räucherstäbchen, Räucherkegel), aber auch Musik oder subtile Hintergrundklänge. In Büchern zur Magie finden sich viele verschiedene Rituale und die dazu notwendigen Utensilien beschrieben.

Ebenso wichtig wie Kräftesymbole und Hilfsmittel für rituelle Handlungen sind Konzentrationshilfen. Dies können Mantren (vgl. Kapitel »Meditation«), Gebete, Zauberformeln, Kerzenlicht, bestimmte Körperübungen und -bewegungen und anderes mehr sein. Gelegentlich werden auch Drogen benutzt, um den Kontakt zu außerirdischen (überirdischen) Kräften herbeizuführen oder den Magier in ekstatische Zustände zu versetzen, die ihn zu besonderen magischen Leistungen befähigen. Es handelt sich dabei um streng geheime Rezepturen (teilweise als »spirituelle Drogen« oder »magische Drogen« bezeichnet), die im »normalen« illegalen Drogenmarkt nicht käuflich sind.

Die eigentliche magische Praxis, die – im Rahmen von Ritualen und Zeremonien mit allen notwendigen Hilfsmitteln – das gewünschte Phänomen oder Resultat hervorbringen soll, ist jedoch die Imaginationskraft, die Willens- und Vorstellungskraft des Magiers. Damit ist die Umformung eines Gedankens in stoffliche Wirklichkeit ausschließlich durch Geistes- und Bewußtseinsmittel gemeint. Nach Ansicht der Magier ist diese Erschaffensmöglichkeit nur für denjenigen fremdartig oder unmöglich, der mit Magie nicht vertraut ist, der keine Vorstellung vom Schöpfer-Geist, vom Erschaffen aus der Urenergie oder Urmaterie, der »prima materia« hat. Die Kombination von extremer Willenslenkung bei gleichzeitiger Hingabe an das Übernatürlich-Magische ist die Kunst, die der Magier erlernen muß. Hinzu kommen noch alle notwendigen »handwerklichen« Fähigkeiten für die einzelnen Rituale oder andere Handlungen, die dem magischen Ziel dienen.

Die Magie nimmt für sich in Anspruch, eine Art Urvater aller esoterischen Bereiche zu sein. Anders ausgedrückt: Die bisher behandelten Themen wie Kartenlegen, Astrologie, I Ging und so weiter stellen für den Magier lediglich Untergebiete der großen, allumfassenden Magie dar. Die Verwendung und Vermischung von Begriffen aus diesen und anderen Bereichen (bis hin zur Bibel oder den Grundlagenwerken von C. G. Jung), wie sie in den meisten Büchern zur Magie zu finden ist, könnte diesen Eindruck verstärken. In Wirklichkeit ist diese Ansicht zu hoch gegriffen, denn gerade die östlichen Weisheitslehren haben sich völlig unabhängig von der magischen Praxis entwickelt, wie wir sie kennen. Die Magie versucht lediglich, alle esoterischen Gebiete aus ihrem Blickwinkel zu interpretieren. Dies beweist aber nicht, daß diese Gebiete zur Magie gehören. Ebensowenig würden die Lehren des I Ging zur Wirtschaftspolitik gehören, nur weil sie auch unter diesem Blickwinkel gesehen werden können.

Wer sich auf die Magie einläßt, sollte diesen Entschluß gründlich prüfen. Es ist ein Feld, das zu ernsten Persönlichkeitskonflikten oder auch zu gesundheitlichen Schäden führen kann. Bezeichnend ist auch, daß in Büchern zur Magie zwar auf die Gefahren hingewiesen wird, gleichzeitig aber sehr genaue Beschreibungen für Übungen gegeben werden, die diese Gefährdungen mit sich bringen können. Auf der anderen Seite scheint die Suche nach dem magischen Vollbringen ein elementares menschliches Bedürfnis zu sein. Kaum eine andere okkulte Praxis läßt sich so weit zurückverfolgen wie die Magie in ihren vielfältigen Formen. Die Faszination und Verlockung, die Magie real bietet, dürfte in vielen Fällen größer sein als die Sorge um eine Gefährdung des eigenen Lebens.

Meditation

Den Begriff Meditation könnte man mit dem Populärwort »Selbsterfahrung« umschreiben, wobei deutlich wird, daß dieses Wort kaum einen Aussagewert hat, sondern nur eine diffuse Vorstellung vermittelt. Daher ist »Selbsterkenntnis« die bessere Umschreibung, weil Meditation dazu dient, den Horizont der Persönlichkeit zu erweitern und damit neue Erkenntnisse über sich selbst und die sich daraus ergebenden neuen Möglichkeiten für das Leben zu gewinnen. Allerdings bedingt Selbsterkenntnis oft die Notwendigkeit, sich von verkrusteten Vorstellungen und eingefahrenen Lebens- und Verhaltensweisen zu lösen, was nicht immer angenehm ist. Daher ist Meditation nur für Menschen relevant, die an sich selbst gewissermaßen »arbeiten« wollen.

In allen bisherigen Kapiteln dieses Buches wurden esoterische Bereiche vorgestellt, die eine Lebenshilfe von außen bringen sollen, zum Beispiel durch das Auslegen von Karten, Werfen von I-Ging-Münzen, Analyse eines Horoskops und so weiter. Mit Meditation wird eine Lebenshilfe von innen angeboten. Sie ist daher eine sehr attraktive Esoterikform, was von einigen geschäftstüchtigen Meditationslehrern recht unbefangen ausgenutzt wird. Alle Meditationspraktiken, die viel Geld kosten oder den Ausübenden dauerhaft an eine Person oder Sache binden (zum Beispiel eine Meditation, die nur unter Betreuung eines »Meisters« ausgeübt werden kann), sind mit besonderer Skepsis zu beurteilen. Daneben gibt es Bücher mit detaillierten Meditationsanweisungen. Auch hier ist eine gewisse Vorsicht angebracht, weil nicht vorhersehbar ist, wie sich eine Methode individuell auswirkt.

Als seriös sind Meditationslehrgänge zu betrachten, die entweder gar keine oder nur eine einmalige Einweisungsgebühr kosten und die ohne ständige Betreuung oder andere bindende Bedingungen ausgeübt werden können.

Um den eher universellen Begriff der Meditation besser verstehen zu können, muß zunächst der Grundgedanke des Meditierens erläutert werden. Es ist bekannt, daß der Mensch nur einen Teil seines Bewußtseins zur Bewältigung des täglichen Lebens benutzt und ein anderer Teil verborgen, unbewußt ist. Der Grund, warum das Bewußtsein nicht voll genutzt wird, ist Streß im weitesten Sinne. Streß ist ein Kunstwort für das Phänomen der Schädigung des Körpers, die durch Überanstrengung, Belastung, Erregung, Angst, Wut, Kälte, Hitze oder Leid im allgemeinen herbeigeführt wird. Streß führt zu gesteigerter Absonderung von Wirkstoffen der Nebennierenrinde unter Beeinflussung von bestimmten Hormonen. Ein gewisses Maß an Streß, das man »Anforderung« nennen könnte, ist dem Leben förderlich. Allerdings bringt der Alltag sehr viel mehr Streß, als der Körper verarbeiten kann. Auch die heutigen Umweltbedingungen sind Streßfaktoren. Da der Mensch kein Ventil für diesen Streß hat, wird er im Nervensystem festgesetzt, und die Symptome (Angst, Ärger, Wut, Haß, Depression ...) werden vom Bewußtsein ins Unterbewußtsein verdrängt. Dadurch entstehen Blockaden, die die Entfaltung des Bewußtseins (Kreativität, Selbstvertrauen, Intelligenz ...) stören. Je mehr Streß nach innen verdrängt wird, also das Bewußtsein mit fremden Werten gefüllt wird, um so mehr verliert der Mensch sein Selbst-Bewußtsein. Er wird gewissermaßen ein Schatten seiner eigentlichen Persönlichkeit.

Mit Meditation sollen die Blockaden des Bewußtseins abgebaut werden. Dies geschieht durch das Gegenteil von Streß (also von Anspannung), nämlich durch Entspannung. Der natürliche Schlaf dient ebenfalls zum Abbau der Nervenbelastungen. Jedoch können durch die tiefen Entspannungsphasen des Schlafes nur Bruchteile des Stresses abgebaut werden, den wir sammeln. Meditation ist im Grunde eine Methode, tiefe Entspannungszustände mit Hilfe einer Übung systematisch zu erreichen. Hierfür gibt es sehr viele verschiedene Meditationstechniken, von denen einige in den folgenden Abschnitten beschrieben werden.

Die Wirkungsweise von Meditationen wurde lange von der traditionellen Medizin belächelt und verleugnet. Inzwischen haben jedoch besonders zur Behandlung psychischer Leiden einige Meditationsformen Anerkennung gefunden, weil die Wirkung von Meditationen objektiv meßbar ist, zum Beispiel durch Messung der Gehirnströme oder des Hautwiderstandes während der Meditation. Dabei wurde festgestellt, daß Meditationen tatsächlich tiefe Entspannungszustände hervorrufen und demzufolge Streß lösen können.

Wenn es gelingt, sämtliche Blockaden des Bewußtseins abzubauen, spricht man von einem voll entwickelten Bewußtsein. Dieser Zustand wird in religiösen Kreisen Erleuchtung genannt. Hier entsteht ein gewisses Problem, weil auch der unreligiöse Mensch natürlich gerne seine Verspannungen abbauen möchte, die verschiedenen Meditationen jedoch oft in ein religiöses Weltbild eingebunden sind. Allerdings gibt es hier sehr unterschiedliche Ansätze. Einige Meditationsformen haben zwar einen religiösen Hintergrund, funktionieren jedoch auch, wenn der Ausübende nicht daran »glaubt«. Das bedeutet, man kann Meditation lernen, ohne eine bestimmte Weltanschauung annehmen zu müssen. Meditationen, die eine völlige Umstellung der Lebensweise verlangen, sind bestenfalls für Personen interessant, die einen solchen Weg gehen wollen. Hier dient die Meditation als Fluchthelfer zur Abkehr vom Leben und somit einem Selbstzweck. Seriöse Meditationsformen erwarten jedoch keine Selbstaufgabe, sondern dienen der Selbstfindung, die im täglichen Leben ihre Entsprechung hat.

Auch wenn die Techniken selbst sehr verschieden sind, münden sie in ein gemeinsames Ziel: der vollen Entfaltung des Bewußtseins. Unter diesem Gesichtspunkt sind Meditationen völlig unreligiös. Trotzdem ist das Erlernen einer Meditation in der Regel mit einem Einweisungsritual, einer Einführung oder »Einweihung« verbunden, die viele Interessierte abschreckt. Der Grund für die Verknüpfung von Meditation und Religiosität ist der Umstand, daß im Laufe der Meditationspraxis, dem daraus hervorgehenden Abbau von Verspannungen und der Entfaltung des Bewußtseins quasi automatisch und natürlich Erfahrungen von innerem Frieden, Harmonie mit der Umwelt, Liebe, Mitgefühl, Gottesnähe und Gottesverbundenheit gemacht werden, die sich nur religiös einordnen lassen. Diese sozusagen universellen religiösen Erfahrungen können im allgemeinen allerdings in jede Religionsform aufgenommen werden, in der Werte dieser Art gefragt sind und die vom Meditierenden gewünscht wird. Der Anspruch einer Meditationsform auf Einbindung in ein anderes Weltbild als das eigene ist daher nicht gerechtfertigt. Trotzdem bestimmt ein ganz unsinniges Konkurrenzdenken die Szene der Meditationstechniken, weil auch hier – wie in fast allen esoterischen Bereichen – der Kampf um die beste, reinste, ursprünglichste Lehre über das harmonische Miteinander gestellt wird. In Wirklichkeit hat jede Meditationsform, die unter den genannten Gesichtspunkten als seriös betrachtet werden kann, ihre spezifische und positive Wirkung auf das Bewußtsein.

Das Funktionieren einer Meditation basiert auf der Fähigkeit des Geistes, seinen gegenwärtigen Bewußtseinszustand zu verlassen und in einen anderen einzutreten. Dieser Vorgang wird transzendieren (überschreiten) genannt. Eine natürliche Transzendierung findet zum Beispiel beim Übergang vom Wachzustand in den Schlaf statt. Transzendieren ist somit kein unnatürlicher Vorgang. Wenn das Bewußtsein vom Wachen in den Schlaf transzendiert ist, nimmt es sich selbst nicht mehr wahr. Jedoch rufen die Streßlösungen im Schlaf Gedankenbilder hervor, die als Träume bezeichnet werden. Die verschiedenen Methoden von Traumdeutungen sind daher nur bedingt anwendbar, weil zwar in Träumen nachweislich Wahrheiten erkannt werden können, die Gedankenbilder aus Streßlösungen aber oft ganz unsinnige Inhalte haben. Es ist dennoch wichtig, diese Träume stattfinden zu lassen, anstatt zum Beispiel durch Schlafmittel das Bewußtsein einfach nur zu betäuben.

Bei einer Meditation findet ebenfalls eine Transzendierung statt, jedoch nicht in einen unbewußten Entspannungszustand wie beim Schlaf, sondern in einen bewußt wahrgenommenen Entspannungszustand. Je nach Meditationstechnik wird dieser Zustand der bewußten Entspannung zwischen fünfzehn Minuten und einer Stunde aufrechterhalten. Die Atemfrequenz kann dabei auf fünf Atemzüge pro Minute abfallen, der Herzschlag entsprechend sinken und der Hautwiderstand um das Fünfhundertfache steigen (ein Zeichen für Angst- und Streßfreiheit). Da sich in diesem Zustand der Entspannung genau wie im Schlaf Streß löst, entstehen auch während der Meditation Gedanken. Genau wie im Traum können die Inhalte der Gedanken völlig wirr und unsinnig, aber auch klar sein. Für die positive Wirkung der Meditation ist es weder notwendig noch empfehlenswert, die entstehenden Gedanken zu beobachten oder zu analysieren, weil dies den Geist wieder an das aktive Bewußtsein bindet und somit aus der Transzendenz reißt. Eine Art wache Gleichgültigkeit ist die beste Grundeinstellung für eine erfolgreiche Meditation.

Hierin liegt jedoch ein Hauptproblem für Meditierende, denn so einfach wie eben beschrieben wird besonders von Anfängern der Zustand von Meditationsentspannung nicht erreicht. Im allgemeinen ist das Bewußtsein durch die tägliche Hektik so aufgewühlt, daß die Grundhaltung der wachen Gleichgültigkeit ein eher abstrakter Wunsch bleibt. Der Erfolg und damit die Qualität einer Meditation kann daher stark schwanken, gleichgültig, welche Technik ausgeübt wird. Aber gerade solche Meditationen, die als »schlecht« empfunden werden, machen deutlich, wie dringend notwendig eine Entspannungsübung ist.

In diesem Zusammenhang muß auch erwähnt werden, daß die Erwartung an eine Meditation von manchen Meditationslehrern falsch vermittelt wird, vor allem dann, wenn besondere Meditationserfahrungen oder ekstatische Erlebnisse irgendwelcher Art versprochen werden. Berauschende Erfahrungen widersprechen dem Sinn der Meditation, der darin besteht, durch Entspannung Bewußtseinsblockaden abzubauen. Der attraktivste Zustand einer Meditation ist daher ruhevolle Gedankenlosigkeit, also ein Zustand der geringsten Bewußtseinsregung, gewissermaßen »Nichts«. Im allgemeinen bedarf es mehrjähriger Übung, bis dieses Nichts zumindest in Ansätzen erfahren wird. Trotzdem wird die Praxis einer Meditation von Beginn an als angenehm empfunden.

Da Meditation eine Sinneserfahrung ist, kann sie durch alle Arten von Sinnesübungen erleichtert werden. Hierdurch haben sich verschiedene Meditationstechniken entwickelt, die folgendermaßen zusammengefaßt werden können:

- Konzentrationstechniken
- Klangtechniken
- Mandalatechniken
- Yoga- und Mantratechniken
- Gebetstechniken

Oft werden Meditationsübungen angeboten, die aus einer Kombination der aufgezählten Techniken bestehen. Besonders die Yogatechniken, zu denen vor allem die Mantratechniken gehören, stellen meist ein ganzes System von Meditationsübungen dar.

Fast alle Gruppen, die Meditationen anbieten, agieren auf zwei Ebenen, die man als die »äußere« und die »innere« Ebene bezeichnen kann. Auf der äußeren Ebene werden beispielsweise normal Interessierte in die Meditation eingeführt und betreut, ohne daß eine Bindung an eine bestimmte Verhaltensform oder Übernahme einer anderen Weltanschauung verlangt wird. Mit der inneren Ebene kommen jene in Berührung, die sich in die angewandte Technik vertiefen möchten, die vielleicht selbst Meditationslehrer werden wollen oder aus anderen Gründen einen intensiveren Kontakt mit der Gruppe suchen. Hier wird oft ein regelrechter Kult um esoterisches Wissen, um Stufen der Weisheit und Entwicklungsgrade betrieben, was mit der auf der äußeren Ebene propagierten religiösen Neutralität nichts zu tun hat. Nicht selten muß ein Neuling durch seine Lebensführung (Alkoholverzicht, Vegetarismus, sexuelle Enthaltsamkeit) unter Beweis stellen, daß er »würdig« ist, weitere Stufen von Meditationseinführungen zu bekommen. Es erscheint offensichtlich, daß hier die selbst noch nicht weit entwickelten Gruppenmitglieder einen gewissen Mißbrauch mit menschlichen Bedürfnissen treiben. Denn der Wunsch nach Persönlichkeitsentwicklung ist natürlich und Meditation als ein Mittel hierfür universell und keinem auserwählten Zirkel vorbehalten.

Konzentrationstechniken

Die bekannteste Konzentrationstechnik, mit der ein tiefer Entspannungszustand erreicht wird, ist das Autogene Training. Der Begriff leitet sich von Auto (= Selbst) und Gen (= Entstehen) ab; er bedeutet, daß der gewünschte Entspannungszustand nicht von außen herangetragen wird, sondern durch eine persönliche Übung von innen heraus entsteht. Lediglich die Anleitung zum Autogenen Training muß naturgemäß durch einen Lehrer vermittelt werden. Das Autogene Training basiert auf der Fähigkeit des Menschen zur Selbstbeeinflussung. Hierzu ist Konzentration erforderlich. Menschen, die vom Alltag so überlastet sind, daß sie quasi keinen klaren Gedanken mehr fassen können, werden daher nur einen schwierigen Einstieg ins Autogene Training finden.

Autogenes Training kann – wenn die Einweisung hierfür gegeben wurde – allein ohne fremde Hilfe ausgeübt werden. Am Anfang ist es aber sinnvoll, sich von einem erfahrenen Lehrer betreuen zu lassen. Das Training wird im Sitzen, manchmal auch im Liegen durchgeführt. In jedem Fall sind die Augen geschlossen. Durch geistige Vorstellung wird nach und nach jeder Körperteil (und dadurch das gesamte Nervensystem) in einen Entspannungszustand versetzt. Man redet sich gewissermaßen diesen Zustand ein. Die Entspannung ist dennoch keine Einbildung, sondern objektiv meßbar und erfahrbar.

Mit dem Erlernen von Autogenem Training sind keinerlei religiöse Lehren verbunden. Das Ziel des Trainings wird ausschließlich in der Verbesserung des einfachen Gesundheitszustandes gesucht. Dies ist ein Grund, warum diese Technik auch von Ärzten und Wissenschaftlern mehr Anerkennung gefunden hat als andere Meditationsformen. Tatsache bleibt aber, daß durch langjährige Übung und das sich dabei entwickelnde körperlich-seelische Gleichgewicht ohne weiteres religiöse Erfahrungen möglich sind. Eine Betreuung auf dieser Ebene findet hier jedoch nicht statt. Viele Lehrer des Autogenen Trainings lehnen religiöse Erfahrungen bei Entspannungsübungen sogar als »mangelnde Fähigkeit zur Auseinandersetzung mit der Wirklichkeit« ab. Da aber Religiosität auch eine Wirklichkeit ist, stellt eine verstandesmäßige Ablehnung für sich ebenfalls einen Mangel dar. Diese Disharmonie ist vielleicht der Grund dafür, warum der Erfinder des Autogenen Trainings, der Berliner Psychiater Johann Heinrich Schultz (er lebte von 1884 bis 1970) lange Jahre nach der weltweiten Verbreitung der Technik gesagt haben soll, Autogenes Training sei kein empfehlenswerter Weg.

Klangtechniken

In allen Kulturen ist die suggestive Wirkung von Musik und musikalischen Rhythmen bekannt. Jeder Supermarkt versucht, durch bestimmte Hintergrundmusik die Kunden zu entspannen und zu vermehrter Kauflust anzuregen. In der Esoterik sind langanhaltende Gesänge, Trommelmusik und instrumentale Grundmelodien in der Lage, einen Einfluß auf das Bewußtsein zu nehmen, es loszulösen von alltäglichen Belastungen und zur Transzendenz zu bewegen. Es wird eine Vielzahl an sogenannter »Meditationsmusik« auf Kassetten und Schallplatten angeboten. Insbesondere haben auch einige elektronische Musiker wie der Japaner Kitaro Kompositionen zur Meditation geschaffen. Die Wurzeln der Meditationsmusik reichen jedoch bis in die Antike. Schon zur Zeit des Pythagoras entstand der Begriff von den »Harmonien der Sphären« als materialisiertes, musikalisches Symbol einer kosmischen Weltordnung. Auch der streng wissenschaftlich arbeitende Johannes Kepler entdeckte, daß es Musikgesetze in den Planetenbahnen gibt, die er in seinem Werk »Harmonices mundi libri« 1619 niederschrieb. Der Jesuitenpater Athanasius Kircher verglich die Weltschöpfung mit einer Orgelmusik, bei der sechs Gruppen von Pfeifen, angeordnet in der »heiligen Siebenzahl«, die sechs Schöpfungstage versinnbildlichen.

Die esoterische Deutung von musikalischen Gesetzen, etwa die sieben Ganztöne und zwölf Halbtöne der Oktave, der Dreiklang-Akkord und die Tonordnungen asiatischer Musik, ist sehr umfassend. Rudolf Steiner zum Beispiel, der Begründer der Anthroposophie, ordnete in einer spirituellen Musik die Terz (Intervall von drei Tonstufen) dem Subjektiven, dem Schicksal zu, die Quint (Intervall von fünf Tonstufen) der Intuition und die Oktave der Entdeckung des höheren Selbst. Durch Steiner ist auch das »Monochord« (auch: Weltmonochord) populär geworden, ein einsaitiges Musikinstrument, mit dem die Pythagoreer Intervalle errechneten. Dessen erste drei Intervalle sind den Elementen Luft, Wasser und Feuer zugeordnet und die weiteren den Planeten sowie Sonne und Mond.

Alle diese Betrachtungen sind jedoch theoretischer Natur und vermögen außer einer esoterischen Kontemplation keine Bewußtseinsveränderungen herbeizuführen. Um den Klang zur Lösung von Streß zu benutzen, muß meditatives Musizieren aktiv oder passiv erfolgen, das heißt, durch Hören und Singen, Spielen und so weiter.

Das Hören oder Erzeugen von Meditationsmusik ist im allgemeinen angenehm, die Möglichkeit zum systematischen Transzendieren jedoch begrenzt, weil zum Beispiel beim Singen eine exakte Intonation notwendig ist, um eine entsprechende Wirkung auf das Bewußtsein zu haben. Klangtechniken stellen daher mehr oder weniger ein gedankliches Konsumieren von angenehmen Klängen dar.

Mandalatechniken

Unter einem Mandala (Sanskrit: Kreis) versteht man eine mystische Zeichnung mit Symbolen von kosmischen Kräften (Naturkräfte, durch Sinnbilder verkörpert) entweder als Ergebnis einer Meditation (verbildlichte innere Erkenntnis) oder zum Zweck der Meditation. Vor allem im tantrischen Buddhismus Tibets haben Mandalas eine große Bedeutung. Man sieht sie häufig auf Seidentüchern (genannt: Thankas) gemalt. Aber auch die Kabbalisten (vergleiche Kapitel »Kabbala«) benutzen die Darstellung des »Baums des Lebens« als Mandala, um durch Betrachtung der Symbole Zusammenhänge der Naturgesetze zu erkennen. Mandalas sind im gewissen Sinne vergleichbar mit den christlichen Ikonen.

Im Westen finden Mandalas im allgemeinen nur als Wandschmuck Verwendung. Die ursprünglich hochreligiösen tibetischen Mandalas werden hier auf Seide, Baumwolle oder Kalenderbildern angeboten, ohne daß die Käufer den zugrundeliegenden Sinn erkennen. Als Meditationshilfen haben Mandalas kaum Bedeutung.

Yoga- und Mantratechniken

Der Begriff Yoga stammt aus dem Sanskrit und bedeutet wörtlich »Gespann, Gefährt, Ausrüstung«. Von westlichen Yoga-Anhängern wird er häufig mit »Vereinigung« übersetzt (sinngemäß: Vereinigung mit dem Göttlichen). Yoga ist jedoch nicht die Vereinigung mit dem Göttlichen oder dem Selbst, sondern entsprechend seiner wörtlichen Bedeutung nur ein Werkzeug zur Meditation.

Folgende Techniken stellen die klassischen Pfade des Yoga dar:

- Hatha-Yoga (Körper- und Atemübungen)
- Karma-Yoga (selbstloses Handeln)
- Bhakti-Yoga (Hingabe an das Göttliche)
- Kundalini-Yoga (Sublimierung, das heißt Vergeistigung sexueller Kraft, auch: Tantra-Yoga)
- Jnana-Yoga (abstrakte Erkenntnisse)
- Raja-Yoga (»königliches« Yoga, reine Mantratechnik)

Sowohl in Indien als auch im Westen gibt es zahlreiche Yoga-Schulen, die teilweise heftig miteinander konkurrieren. In diesen Schulen werden einerseits die klassischen Yoga-Techniken gelehrt und andererseits Mischungen aus verschiedenen Disziplinen oder neu erfundene Yoga-Techniken. Nach Meinung einiger Yoga-Lehrer müssen alle Yoga-Wege beschritten werden, um vollkommene Entfaltung des Bewußtseins erlangen zu können, was nach östlichem Glauben die Vereinigung mit dem Göttlichen darstellt. Nach Meinung anderer Yoga-Lehrer genügt die konsequente Beschreitung eines einzigen Weges. Da jede Yoga-Disziplin für sich sehr komplexe und auch abgerundete Übungen beinhaltet, erscheint die zweite Ansicht zutreffender. Auf der anderen Seite führt eine Isolierung der einzelnen Yoga-Disziplinen zur Verfälschung des eigentlichen Zwecks, so wie dies bei den hier im Westen angebotenen Hatha-Yoga-Lehrgängen der Fall ist, die teilweise nur noch Gymnastikübungen sind.

Ein männlicher Yoga-Praktizierender wird Yogi genannt, ein weiblicher Yogini. Nach Auffassung der Yoga-Schulen ist Yoga keine hermetische Lehre, das heißt, auch christliche Mystiker, die Gottesoffenbarungen erleben oder erlebt haben, sind danach Yogis. Diese Ansicht wird von kirchlicher Seite freilich nicht geteilt.

Praktisch alle Yoga-Schulen benutzen Mantrameditationen zur Unterstützung des angestrebten Yoga-Ziels. Mantratechniken sind eng verbunden mit Klangtechniken. Der Unterschied zu den oben angesprochenen Klangtechniken besteht darin, daß Mantren ausschließlich Stimmen- oder Gedankenklänge darstellen und zur Mantrameditation keine instrumentale Klangerzeugung notwendig ist. Eine Mantrameditation ist ein nach innen gesprochener, gesungener oder gedachter Laut. Der Klang des Mantras bewirkt eine Transzendierung des Bewußtseins und dadurch eine Entspannung und Streßlösung. Dies liegt in der Natur des Mantras, so wie es beispielsweise in der Natur eines optischen Reizes liegt, das Bewußtsein in bestimmter Weise anzuregen.

Da Mantrameditationen fast ausnahmslos aus dem indischen Kulturkreis kommen, sind im allgemeinen die an Meditierende ausgegebenen Mantren Silben oder Worte aus dem Sanskrit. Ein Mantra (auch: Mantram) stellt entweder einen unpersonifizierten Urlaut dar (beispielsweise OM, das bekannteste Mantra) oder den Namen einer als göttlich verehrten Person. Daneben können Mantren Gebetsworte oder Worte mit anderen positiven Inhalten sein. Die Technik der Mantrameditation besteht allerdings nicht darin – wie vielfach angenommen wird –, den Namen (das Mantra) anzubeten, sondern es in bestimmter Weise zu sprechen, zu singen oder zu denken. Die inhaltliche Bedeutung des Mantras ist für die Wirkung der Meditation unerheblich. Das Nachgrübeln über den wörtlichen Sinn des Mantras kann die Meditation sogar stören, weil das Bewußtsein dadurch aus seiner Transzendenz gerissen wird.

Es gibt viele verschiedene Mantren und ebenso viele Techniken, sie zur Meditation zu gebrauchen. Auch wenn die Funktionsweise der Mantrameditation nicht genau erforscht ist, können Wirkungen der Meditation objektiv gemessen werden, beispielsweise bei der Atemfrequenz, dem Herzschlag, dem Hautwiderstand und den Gehirnströmen. Die Qualität einer Mantrameditation ist von der angewandten Technik, aber auch von der jeweiligen Verfassung des Meditierenden abhängig. Außerdem sind bestimmte Techniken je nach Persönlichkeitsprägung des Meditierenden besser geeignet als andere. Es wäre daher falsch, eine einzelne Technik als besonders gut zu bezeichnen. Alle Mantrameditationen verfolgen das gleiche Ziel, nämlich zur Entfaltung des Bewußtseins beizutragen. Das persönliche Entscheidungskriterium zum Erlernen einer Mantrameditation sollte neben den anfangs genannten Aspekten die leichte Durchführbarkeit sein. Schulen, die mehrjährige Vorbereitungsphasen bis zur eigentlichen Einführung in die Meditation verlangen, sind beispielsweise nicht zu empfehlen, weil eine wirksame Meditation auch ohne Eingriffe in die persönliche Lebensweise möglich ist. Positiv sind hingegen Meditationen, die entweder mit relativ einfach auszuführenden Körper- oder Atemübungen gekoppelt sind oder ausschließlich geistig orientiert arbeiten (reine Mantrameditationen). Die bekanntesten Körper-/Atemmeditationen sind der von Paramahansa Yogananda verbreitete Kriya-Yoga, der von Sri Aurobindo verbreitete Integrale Yoga, der von Sri Anandamurti verbreitete Ananda Marga (Sanskrit: Weg zur Glückseligkeit) und der von Elisabeth Haich und Selvarajan Yesudian verbreitete Hatha-Yoga. Die bekannteste reine Mantrameditation ist die von Maharishi Mahesh Yogi verbreitete Transzendentale Meditation. Bei ihr muß der Meditierende keinerlei körperliche Übungen oder Atemtechniken anwenden, sondern lediglich aufrecht sitzen und ein Mantra denken.

Praktisch alle hier im Westen angebotenen Meditationstechniken werden von kirchlicher Seite oder von anderen Institutionen und Initiativen angegriffen und als Sekten dargestellt. Tatsächlich kann der kultische Aspekt der Meditationsgruppen ein Problem sein. Die positiven Wirkungen einer Meditation lassen sich jedoch nicht leugnen. Es ist daher sinnvoll, sich vor dem Erlernen einer Meditation genau zu informieren, inwieweit damit in die persönliche Weltanschauung eingegriffen wird.

Gebetstechniken

Ebenso wie die Kirchen gegen die Mantra- und Yogatechniken eingestellt sind, wird von der anderen Seite die Möglichkeit der christlichen Gebetsmeditation oft unterschätzt oder gar nicht anerkannt. Aber auch ein Gebet kann das Bewußtsein transzendieren lassen und in besonderer Weise Vertrauen zum Göttlichen und die daraus erwachsende Lebenskraft schaffen. Eine Gebetsmeditation ist nicht das Heruntersagen der bekannten, vordefinierten Gebete, sondern ein intimes inneres Gespräch mit dem allgegenwärtigen, allesverstehenden Göttlichen.

Hieraus ergibt sich die Möglichkeit zur vollkommenen Ehrlichkeit sich selbst gegenüber, zur Offenbarung der eigenen Schwächen und Fehler, was ein Gefühlsopfer bedeutet und zur Entfaltung von Herzensqualitäten beiträgt. Dies ist die Wurzel der trostspendenden Kraft des Gebets.

Wie bei allen Meditationen ist auch bei der Gebetsmeditation eine neutrale Erwartungshaltung wichtig. Wer während des Gebets einem emotionalen Höhepunkt zustreben möchte, erlebt meist eine Selbsttäuschung durch pseudomystische Erfahrungen und die Verirrung in Phantasien und Erleuchtungsschwärmereien. Zur Hauptsache entfaltet sich der Wert der Gebetsmeditation im Leben, nicht in der Meditation selbst, obwohl hier klare geistige Erkenntnisse natürlich möglich sind.

Thomas Merton, ein in Gebetstechniken erfahrener amerikanischer Geistlicher, sagt: »Im engen Sinn handelt es sich auch bei der religiösen Meditation in erster Linie um einen geistigen Vorgang, dessen Ziel jedoch außerhalb des rein Geistigen liegt. Meditierendes Denken ist ganz einfach der Beginn eines Vorgangs, der zum inneren Gebet führt und der, wie angenommen wird, gewöhnlich im Schauen und in der effektiven Vereinigung mit Gott gipfelt.« In seinem Buch »Meditationen eines Einsiedlers« heißt es weiter: »Die Meditation ist ein aus der Liebe entspringendes Suchen nach der Wahrheit, das den Besitz der Wahrheit nicht nur im Wissen, sondern auch in der Liebe erstrebt.« Dies ist eine der reifsten Umschreibungen von Meditation und ein Beweis dafür, daß auch mit Gebetstechniken Bewußtseinsentfaltung möglich ist.

Das Problem der Gebetstechniken ist ebenso wie bei den Mantratechniken die Bindung an einen religiösen Hintergrund, in diesem Fall an den christlichen Glauben. Gerade das Christentum ist in Glaubensfragen sehr absolutistisch. Die Tatsache, daß in unseren Breiten dieser Glaube die dominierende Religion ist, impliziert aber nicht das Monopol auf die Richtigkeit dieser Anschauung. Bekanntlich sind die Christen an vielen Greueltaten und Kriegen mitschuldig und gerade in der heutigen Zeit mehr mit dem Weltlichen als dem Geistigen beschäftigt, so daß ein Meditierender, der die Gebetstechnik ausüben will, hier Bedenken haben kann. Aber ebenso wie die Yogalehren die Meditation im Sinne der Entfaltung des Bewußtseins nicht als ihre Domäne beanspruchen können, ist auch die Gebetstechnik kein Eigentum der Kirche, sondern kann unabhängig vom strengen christlichen Glauben ausgeübt werden und zu positiven Resultaten führen. Die Qualität einer Meditation erwächst nicht aus der Qualität des »Glaubens«, sondern aus der Möglichkeit, mit Hilfe der Meditationstechniken das Bewußtsein zu klären und transzendieren zu lassen.

Radiästhesie

Radiästhesie bezeichnet das Phänomen, mit Hilfe von Pendeln oder Wünschelruten hauptsächlich Wasseradern aufzuspüren. Weniger geläufig sind die Möglichkeiten, auf diese Weise auch andere Dinge, zum Beispiel Öl, Gebeine (archäologische Funde), Mineralien oder Gold zu finden. Da Radiästhesie im Laufe der Zeit immer populärer wurde, rief dieser esoterische Bereich neben ernsthaften Gruppen auch zahlreiche unseriöse Anbieter von obskuren und vor allem teuren radiästhetischen Instrumenten auf den Markt. Die Voraussetzung zur praktischen Anwendung von Radiästhesie ist jedoch kein kostspieliges Instrument, sondern persönliche Sensibilität und Übung. Die Rute oder das Pendel dienen nur als Anzeigehilfsmittel, nicht als Geräte zur Messung von Wasseradern oder anderen Dingen.

Die Verwendung von Ruten und Pendeln ist in China seit 4000 Jahren bekannt. Es gab sogar Bauvorschriften, nach denen der Boden vor einem Hausbau auf ungünstige physikalische Eigenschaften hin untersucht werden mußte. Im Westen erlangte die Pendel- und Rutenlehre erst im 19. Jahrhundert größere Bedeutung. Den Begriff Radiästhesie prägte der katholische Pfarrer Abbé Bouly aus Hardelot (Pas de Calais). Seither wurde die Lehre um einige Aspekte erweitert, zum Beispiel durch Abbé A. Mermet (Vikar in Jussy bei Genf), der die radiästhetischen Beobachtungen auf den menschlichen Körper übertrug, und durch Karl Erhard Weiss, der die mentale Radiästhesie lehrte, bei der während der Pendel- und Rutenübung durch Meditation ein Kontaktbild zum gesuchten Objekt (zum Beispiel Wasser) aufgebaut wird, auf das ein Pendel oder eine Rute je nach realem Vorhandensein oder Nichtvorhandensein unterschiedlich reagiert.

Radiästhesie ist nicht nur populär, sondern auch umstritten. Von der klassischen Wissenschaft wird das Rutengehen beziehungsweise Pendeln als Humbug abgelehnt. Besonders das Ausfindigmachen sogenannter Erdstrahlen und deren Beseitigung stößt auf heftige Kritik. Diese Erdstrahlen sollen sehr negative Auswirkungen auf die menschliche Gesundheit, auf das Wachstum von Pflanzen, auf erhöhte Unfallrisiken in erdstrahlenverseuchten Straßenabschnitten und so weiter haben. Um diese Strahlen abzuwenden, werden von Unternehmen, die mit der Angst ein Geschäft machen, Strahlenschutzdecken (zum Schlafen), drahtumwickelte Holzstäbe, Erdstrahlencomputer und eine Fülle anderer Geräte angeboten. Die tatsächliche Wirkung dieser Utensilien ist nicht nachweisbar. Seriöse Radiästhesisten bezeichnen diese Geräte selbst als »Wunderwitze«.

Auch die Erdstrahlen wurden von der traditionellen Wissenschaft lange Zeit als reine Erfindung der Radiästhesisten abgetan. Erst in jüngerer Zeit beschäftigen sich unabhängige Experten mit Hilfe eines staatlichen Forschungsprogramms mit dem Phänomen der Erdstrahlen. Danach gibt es keine Strahlen im herkömmlichen Sinne, etwa wie Gammastrahlen, die mit normalen Meßinstrumenten nachweisbar sind. Jedoch gibt es das Phänomen als solches, das heißt, eine Art von Reizfeldern oder Reizbereichen, die von Rutengängern und Pendlern in Blindversuchen übereinstimmend feststellbar sind und auch von verifizierbaren Untersuchungen zumindest in Ansätzen bestätigt werden können. Inwieweit solche Reizbereiche eine gesundheitsschädliche Wirkung auf den Menschen oder negative Wirkungen auf die Umwelt haben, kann bislang nur subjektiv beurteilt werden.

Hinsichtlich des Auffindens von Wasseradern beziehungsweise von größeren Wasservorkommen können Rutengänger und Pendler hingegen zahlreiche objektive Erfolge vorweisen. Oft werden hierbei exakte Angaben zur Tiefe gemacht, in der sich ein Wasservorkommen befindet. Diese Erfolge können auch von skeptischen Wissenschaftlern nicht einfach beiseite geschoben werden.

In der Praxis wird zum Aufspüren von Wasser der Boden in parallelen Linien abgeschritten. Der Rutengänger hält dabei eine Rute in entspannter Haltung, um minimale Bewegungen beziehungsweise Reflexe seiner Handmuskulatur verstärkt anzeigen zu können. Die Rute ist somit nicht der Empfänger, sondern der Verstärker der persönlichen Sensibilität. Die Selbstbeeinflussung oder auf andere Weise ausgelöste Muskelreaktionen sind das größte Problem beim Rutengehen. Daher ist eine ausgedehnte Übungsphase notwendig, bevor das Rutengehen ernst genommen werden kann.

Schlägt die Rute aus, wird dies als Reaktionspunkt gekennzeichnet. Wenn bei mehrfachem Überschreiten dieser Punkte immer wieder eine Reaktion erfolgt, geht man davon aus, daß sich dort eine Wasserstelle befindet. Ein wichtiger Faktor zur Unterscheidung zwischen echten und bewußt herbeigeführten Reaktionen ist die persönliche Intuition, also das Überzeugungsgefühl gegenüber dem Rutenausschlag. Naturgemäß sind hierbei Irrtümer nicht auszuschließen.

Wenn über die Lage eines Wasservorkommens Gewißheit besteht, kann man unter anderem mit Hilfe der sogenannten »Bischofsmethode« die Tiefe bestimmen. Hierzu wird vom vermuteten Zentrum des Wasservorkommens aus mehrfach sternförmig in verschiedene Richtungen gegangen. Die entstehenden Reaktionspunkte werden ebenfalls markiert. Ergibt sich dabei eine kreisförmige Markierungsstruktur, wird der Radius als Tiefe des Wasservorkommens angenommen. Die Abweichung von der tatsächlichen Tiefe beträgt einige Prozent.

Die Ruten, mit denen Wasser und andere Dinge lokalisiert werden, können die unterschiedlichsten Formen haben. Im allgemeinen bestehen sie aus Holz oder Metall. Die klassische Rute ist ein y-förmig gewachsener Zweig vom Haselstrauch, Weidenbaum oder ein entsprechend geformtes Fischbein. Diese y-förmigen Ruten werden heute in zahlreichen Variationen angeboten. Daneben ist die sogenannte Winkelrute weit verbreitet, die sich vor allem auch für Anfänger eignet. Sie besteht aus zwei L-förmigen Drahtstäben mit flexibel gelagerten Handgriffen an der kürzeren Seite. Die Länge einer Rute liegt im allgemeinen zwischen 45 und 65 Zentimeter.

Ebenso wie mit Ruten können Wasservorkommen und andere Dinge mit Hilfe des Pendels lokalisiert werden. Die Techniken unterscheiden sich vom Prinzip her nur unwesentlich. Der Boden wird ebenfalls in parallelen Linien abgeschritten und jeder Reaktionspunkt markiert. Da auch das Pendel kein Meßinstrument, sondern nur ein Anzeigenverstärker ist, benötigt man kein besonders aufwendiges (und teures) Pendel, in der Hoffnung, dadurch bessere Ergebnisse zu erzielen. Ein maurerübliches Lot aus Messingblei kann zum Pendeln genügen. Das Gewicht eines Pendels liegt im allgemeinen bei 60 Gramm, die Länge des Fadens zwischen acht und zwanzig Zentimeter. Es gibt jedoch zahlreiche Variationen, die von sieben bis 150 Gramm reichen und teilweise aus spiralförmigen Drahtkegeln bestehen oder hohl sind. Sie dienen zum Teil speziellen Zwecken, zum Beispiel dem Auspendeln von Medikamenten oder Nahrungsmitteln.

In der Pendelpraxis gibt es zwei unterschiedliche Ausgangspositionen: die ruhende und die schwingende. Bei der ruhenden Ausgangsposition bleibt das Pendel bewegungslos im Lot, um aus dieser neutralen Stellung in kreisförmige oder linienförmige Schwingung zu geraten. Im zweiten Fall wird das Pendel in eine linienförmige Schwingung gebracht (die als neutrale Ausgangsschwingung betrachtet wird), um dann bei einer Reaktion die Linienrichtung zu ändern oder in eine kreisförmige Schwingung zu geraten. Da ein Pendel länger braucht, um aus einer ruhenden Position in Schwingung zu geraten, als den Verlauf einer bereits aktiven Schwingung zu ändern, wird im allgemeinen zur Vermeidung eines Verzögerungsfaktors die neutrale linienförmige Schwingung als Ausgangsposition bevorzugt.

Die Anwendungsmöglichkeiten des Pendels gehen neben

der Suche nach Dingen über die Rutenanwendung hinaus. Das Auspendeln von Lebensmitteln, Körperorganen und Spielkarten sind einige Beispiele. Daneben haben sich einige Nebenbereiche der Radiästhesie entwickelt. Hierzu zählt die mentale Radiästhesie und die Tele-Radiästhesie. Bei der mentalen Radiästhesie wird von dem Grundgedanken ausgegangen, daß jeder Gedanke beziehungsweise jede »willensgeladene Vorstellung« sich als geistige Energie in Raum und Zeit bewegt oder sich an eine physikalische Wirklichkeit haftet. Das Pendel dient bei der mentalen Radiästhesie dazu, solche Energieimpulse zu empfangen und durch eine dadurch entstehende charakteristische Schwingung zu melden. Experimentell wird diese These zum Beispiel dadurch getestet, daß eine Person sich auf ein Buch aus einem Stapel Bücher konzentriert, dessen Inhalt sie kennt. Der Pendler versucht dann, durch Auspendeln der einzelnen Bücher herauszufinden, an welches Buch die Person denkt. Bei der Tele-Radiästhesie geht es darum, verborgene Dinge irgendwelcher Art aufzuspüren, ohne an dem in Frage kommenden Ort anwesend sein zu müssen. Ein Experiment hierzu wäre zum Beispiel, in einem Raum einen bestimmten Gegenstand zu verstecken und dann eine Skizze des Raums nach dem Versteck auszupendeln oder sich durch Pendelschwingungen direkt zum Versteck führen zu lassen.

Voraussetzung ist in allen Fällen eine konzentrative oder meditative geistige Übung. Die Radiästhesisten sprechen hier von drei Grundregeln. Erstens die geistige Gedankeneinstellung auf das Objekt, das untersucht werden soll, zweitens eine »Zeichenverabredung«, das heißt, eine geistige Einstellung darüber, mit welchen Schwingungen welche Wahrheiten angezeigt werden sollen, und drittens die innere Fragestellung zum untersuchten Objekt.

In der Praxis sieht die Gedankeneinstellung so aus, daß versucht wird, durch Konzentration nur jene Gehirnzellen anzuregen, in denen die Vorstellung (das Gedankenbild) des zu untersuchenden Objekts gelagert ist. Trifft das Pendel dann in der Außenwelt auf diesen Gegenstand beziehungsweise die gleiche Energiestruktur, wird dies durch Schwingung angezeigt. Neben der Konzentration ist es daher auch notwendig, den Geist in einem passiven Empfangszustand zu halten. Um die empfangenden Schwingungen korrekt interpretieren zu können, ist neben der Gedankeneinstellung eine »Zeichenverabredung« notwendig. Hierbei entscheidet der Pendler, mit welcher natürlichen Schwingung (rechts, links, linienförmig, kreisförmig gegen und mit dem Uhrzeigersinn) Wahrheitsaussagen eingeteilt werden (zum Beispiel Schwingung gegen den Uhrzeigersinn = nein, Schwingung mit dem Uhrzeigersinn = ja und so weiter). Der dritte Aspekt, die innere Fragestellung zum untersuchten Objekt, erfordert das Gleichgewicht zwischen passiver Antworterwartung und neugieriger Fragehaltung ohne vorgefaßte Meinung oder Wunschvorstellung. Die innere Fragestellung dient somit auch dazu, zwischen falschen (unbewußt herbeigeführten) Pendelbewegungen und realen (radiästhetisch herbeigeführten) Bewegungen zu unterscheiden.

Da die Gefahr der Selbstbeeinflussung und damit der Unrichtigkeit der Ergebnisse besonders in diesen sensiblen Anwendungsbereichen der Radiästhesie sehr groß ist und darüber hinaus die These der mental-physikalischen Kräfteaufladung von Dingen durch Gedanken und Willensausstrahlung derzeit nur subjektiv beurteilt wird, dürfte diese Pendel- beziehungsweise Rutenanwendung mit einer gewissen Zurückhaltung zu betrachten sein. Auf der anderen Seite kann die praktische Radiästhesie, wie das anfangs beschriebene Auffinden von Wasservorkommen beweist, zahlreiche klare Erfolge aufweisen.

Theosophie

Der Begriff »Theosophie« setzt sich aus den Wörtern »Theos« (Gott, das Göttliche) und »Sophia« (Weisheit, Erkenntnis) zusammen. Theosophie ist die Lehre, der Glaube und das Erleben einer göttlichen Wahrheit, einer göttlichen Erkenntnis, es ist die »Selbsterkenntnis Gottes im Menschen«. Im Gegensatz zur (christlichen) Theologie ist die Theosophie nicht auf eine bestimmte Glaubensrichtung fixiert, sondern sucht die innersten, verbindenden Wahrheiten jeder Religion in einem gemeinsamen Erkenntnisweg zu vereinen.

Der Theosoph beschränkt sich nicht auf das reine Glauben oder Anerkennen von Lehren, Meinungen und Theorien, sondern sucht durch sein religiöses Handeln, durch Meditation, Gebet und Mitmenschlichkeit, aber auch durch rituelle Handlungen, Magie etc. seinem Selbst die innere, intuitive Schau erhabenster geistig-seelischer Zustände zu ermöglichen. Das Erlangen dieser Zustände wird im christlichen Verständnis »ewige Seligkeit«, im Buddhismus »Nirwana«, im frühindischen Glauben (Vedantismus) »Mokscha« und in der griechischen Philosophie als »Glückseligkeit« bezeichnet. In nahezu jeder Religion läßt sich dieser innerste Wahrheits- oder Erkenntnispunkt finden. Daher sieht die Theosophie keinerlei Problem darin, die wesentlichen Aspekte verschiedener Religionen in ihre Weltanschauung zu integrieren. Die Theosophie selbst bezeichnet sich nicht als Religion; sie faßt vielmehr das innerste Wesen aller Religionen in einer Gemeinsamkeitsschau zusammen. Freilich ist auch diese Schau wieder einseitig, weil viele Religionslehren für sich kein fremdes Gedankengut zulassen.

Die Theosophie erkennt die verschiedenen Religionen lediglich als Systeme an, die für sich in ihren unterschiedlichen Lehrformen jedoch nicht bedeutend sind, weil sie alle einer gemeinsamen Wurzel entstammen, einer welterschaffenden, göttlichen Urwahrheit. Sie beachtet die äußeren Glaubenskonflikte nicht, die allenorts zwischen Religionsanhängern entstehen, sondern hält die Erkenntnis der höchsten Wahrheit, wie immer sie in den einzelnen Lehren bezeichnet wird, für das ausschlaggebende, friedenstiftende, vereinende Element, um das es keinen Streit geben kann. So sei es beispielsweise unvorstellbar, daß Jesus Christus sich mit einem Buddha in Religionsfragen »streite«. Im theosophisch-esoterischen Sinne lehren alle Religionen das gleiche, nämlich die Rückfindung der Seele zum Göttlichen. Alle Verschiedenheit zwischen den Systemen bezieht sich nur auf Worte, Formen, Äußerlichkeiten, nicht auf das Wesen des Religiösen selbst.

Trotz dieser Universalschau hat das Gedankengut des Hinduismus beziehungsweise des altindischen Vedantismus besondere Aufnahme in das religiöse Konzept der Theosophie gefunden. Esoterisch geprägte (interpretierte) Übersetzungen der Schriften des Sankaracharya (788–820 n. Chr.), etwa das »Atma-Bodha« (Selbsterkenntnis) und »Tattwa-Bodha« (Daseinserkenntnis) gehören ebenso zum Lehrgut der Theosophie wie eigene Übersetzungen der »Bhagavad-Gita« (Das hohe Lied von der Gottheit) und die Lehren von der menschlichen Fähigkeit der Levitation (das Abheben des Körpers vom Boden ohne technische Hilfe), wie sie u. a. von Patanjali in den »Yoga-Sutren« beschrieben sind, die zum Kern des Yoga gehören. Daneben haben westliche magische Überlieferungen Eingang in die Theosophie gefunden, zum Beispiel Schriften zur Alchemie, zu Elementargeistern und anderen Naturkräften. Aber auch christliches und frühbiblisches Gedankengut ist den Theosophen nicht fremd; vom Schöpfungsbericht bis zu den Evangelien der Apostel findet eine esoterische Interpretation über den – aus theosophischer Sicht – wahren Gehalt der Schriften statt. Eine zentrale Stelle nimmt in der Theosophie der Glaube an das Karma-Gesetz (vgl. Kapitel »Wiedergeburt«) und an die Reinkarnation ein. Das theosophische Glaubensgut reicht jedoch auch in den Bereich der außerirdischen Lebewesen. So sollen die Behüter des ewigen heiligen Wissens als Wesen von der Venus zur Erde kommen und hier als Meister, Adepten und Gurus dieses Wissen verbreiten.

International organisiert haben sich die Theosophen 1875 in New York aufgrund einer Initiative der russischen Mystikerin H. P. Blavatsky. Diese Persönlichkeit hat Geheimlehren und okkultes Wissen um versunkene Kontinente wie Atlantis und Lemuria sowie Theorien zur Entstehung der Menschenrassen verbreitet, wofür es allerdings bislang keine nachprüfbaren Beweise gibt.

Die Theosophie verfolgt zum einen das Ziel einer weltweiten, alle Menschen einschließenden theosophischen Verbrüderung. Dies entspringt dem Verständnis der Wesenseinheit aller Dinge. Als zweite Zielsetzung gilt die Aufklärung der Menschheit über die Wahrheit des Seins im theosophischen Sinne, und als drittes wird die Veredelung und Vergeistigung der Menschheit angestrebt. Dieser Gedanke basiert auf dem Glauben (theosophisch gesehen: auf dem Wissen) von der periodischen Wiederkehr von Zeiten der Finsternis und der Erleuchtung, die in kleinen und großen Rhythmen das Leben auf der Erde beeinflussen. Nach dem Verständnis der Theosophie leben die Behüter des Wissens in Zeiten der Finsternis (des Unwissens über das wahre göttliche Sein) zurückgezogen vom weltlichen Geschehen; in Zeiten des Erwachens aber treten sie durch Sendboten (Verkünder) aus dem Verborgenen hervor, um das ewige Wissen der breiten Öffentlichkeit zugänglich zu machen. Zu diesen Sendboten wird H. P. Blavatsky gezählt, die die theosophische Bewegung zu einem Zeitpunkt gründete, an dem die materialistisch orientierte Wissenschaft und Philosophie ihren Höhepunkt erreichte und sich gleichzeitig ihr Niedergang andeutete. In der Formulierung des theosophischen Weltbildes, des Verbrüderungsideals und der theosophischen Ziele sehen die

Anhänger das wichtigste Kulturereignis seit der Verbreitung des Christentums. Unverkennbar stellt die Theosophie damit weniger einen universellen Mantel für den Kern aller Religionen bereit, sondern entwickelt – im Gegensatz zur Selbstdarstellung– eher eine eigene esoterische Lehre, einen eigenen, theosophischen Weg.

Ein Theosoph wird aber nicht zum Theosophen, indem er die Anschauungen studiert, glaubt oder mit ihnen sympathisiert. Vielmehr muß man zum Theosophen heranreifen, bis man befähigt ist, die höchsten Erkenntnisse – zumindest zeitweise – in sich zu tragen. In den theosophischen Schriften heißt es: »Der Theosoph weiß nichts von Angriffen in bezug auf seine Person. Er hat alle Waffen des Angriffs und der Verteidigung von sich geworfen. Der Theosoph besitzt keine Vorurteile. Er blickt jedem Vorgang und jedem Wesen offen ins Auge; darum erkennt er die wahre Natur und Existenz eines jeden Dinges an.« – Die Liste der hohen Ideale ist lang. Bezeichnend ist jedoch, daß sich nach dem Tode von H. P. Blavatsky die theosophische Bewegung aufspaltete und in unterschiedliche Richtungen entwickelte, wobei sich die einzelnen Gruppen seither nicht selten untereinander befehden. Es zeigt sich, daß die Theosophie, wie viele andere großen Ideen und ideale Zielsetzungen, am Unvermögen ihrer Anhänger scheitert oder zumindest in Frage gestellt wird. Nur die erfahrenen und über den Schatten der Eigenbrötelei hinausblickenden Mitglieder halten sich nicht mit den äußeren Formen und Meinungen auf, sondern verfolgen die Mission der Theosophie weiter. Es drängt sich dennoch der Eindruck auf, daß die theosophischen Gruppen ganz im Gegensatz zu ihren eigenen Idealen eine gewisse strenge, starre und dogmatische Tendenz angenommen haben.

Nicht nur in den eigenen Reihen, sondern auch von außen wurde die Theosophie heftig angegriffen. Unter anderem gaben die von H. P. Blavatsky verfaßten theosophischen Hauptwerke »Die Geheimlehre – die Vereinigung von Wissenschaft, Religion und Philosophie« (vier Bände) und »Die entschleierte Isis« (zwei Bände) Anlaß zu erbitterten Auseinandersetzungen, die bis zu gehässigen Feindseligkeiten reichten. Die Kritiker behaupten, das angeblich in den Büchern enthaltene »geheime Wissen der Menschheit« sei in Wirklichkeit eine blanke Erfindung der Autorin; andere nahmen die Lehren begeistert auf. Fest steht, daß die Bücher Aussagen zu technischen und wissenschaftlichen Entwicklungen enthalten, die inzwischen realisiert wurden, aber auch sehr mysteriöse, phantastische Aussagen zu alten Kulturen beziehungsweise zu verlorengegangenem Wissen, die wohl niemals nachprüfbar sein werden.

Die heutige, nach den inneren und äußeren Auseinandersetzungen als offiziell geltende theosophische Lehre gliedert sich in fünf Teile:

- Die Lehre von der Wesenseinheit aller Dinge und die Entstehung einer Vielheit von Welten aus dieser Wesenseinheit.
- Die Lehre von der Offenbarung dieser Wesenseinheit auf sieben Stufen oder Ebenen des Daseins, mit anderen Worten: Die Lehre von der siebenfältigen Konstitution des Menschen und des Weltalls.
- Die Lehre von der periodischen Wiederkehr aller Dinge und insbesondere die Lehre von der wiederholten Verkörperung der menschlichen Seele in irdischen Persönlichkeiten.
- Die Lehre vom Gesetz des Karma.
- Die Lehre vom Ziel der Entwicklung und vom Weg, der zum Ziel führt, das heißt, die Lehre vom »theosophischen Pfad«.

Die Theosophie verfolgt einen sehr menschenwürdigen, hochgesteckten Plan; der Weg, ihn zu verwirklichen, ist zwar umstritten, aber nicht gefährlich wie etwa Entartungen in der Magie (vgl. Kapitel »Magie«). Der Hintergund der Theosophie, also das »geheime Wissen«, das eigentlich jedermann zugänglich ist, mag manchem etwas dubios erscheinen (etwa die Rassentheorie, nach der es sieben Menschenrassen gibt, die sich aus jeweils sieben Unterrassen entwickelt haben). In jedem Fall aber gibt es im theosophischen Bereich eine Reihe von Schriften und Übersetzungen, die sehr interessant und erkenntnisreich geschrieben sind. Sie zu studieren ist auch dann lohnend, wenn man kein Anhänger der Theosophie ist, sondern eher ein allgemeines Interesse an esoterischem Gedankengut hat.

Wiedergeburt

Die Hypothese der Wiedergeburt oder Reinkarnation (ausgesprochen Re-inkarnation) basiert auf der Vorstellung, daß nach dem physischen Tod des Körpers die Seele des Menschen als individuelles, geistiges Wesen erhalten bleibt und zur Vervollkommnung der Persönlichkeitsentwicklung in einen neuen Körper einkehrt. Da sich der normale Mensch an keine früheren Existenzen erinnert, ist diese These sehr umstritten. Dennoch gibt es ernsthafte Untersuchungen von Fällen der Rückerinnerung, die vielleicht eine grundlegende Erneuerung unserer Vorstellungen von Leben und Tod erforderlich machen.

Die Existenz der Seele als ein inneres, geistiges Wesensprinzip wird von praktisch jeder Religion anerkannt. Nur die Vorstellungen darüber, was nach dem Tod des Körpers geschieht, weichen erheblich voneinander ab. Der christliche und der islamische Glaube stellen sich die Schöpfung als einen einmaligen, endlichen Prozeß vor, in den das individuelle menschliche Leben ebenso einmalig eingebunden ist. Die Seele des Menschen kommt nach dem Ableben des Körpers entweder in die Hölle, ins Fegefeuer oder in den Himmel, je nachdem, wie seine Taten auf Erden waren. Am Ende der Schöpfung, zum Jüngsten Gericht, vollzieht sich eine Auferstehung der Seelen, wobei Menschen, die zur Lebzeit gute Taten vollbracht haben, ewig an der Herrlichkeit Gottes teilhaben und die anderen auf ewig verdammt sind. Mit ihrem Glauben erheben die Katholiken, Protestanten und dei Islam Anspruch auf ausschließliche Gültigkeit, das heißt, eine Anerkennung anderer Glaubenswege findet nicht statt.

Nach hinduistischem, buddhistischem, konfuzianischem und taoistischem Glauben und dem Glauben vieler Naturreligionen ist die Schöpfung ein unendlicher Prozeß des Werdens und Vergehens, in den auch die individuelle menschliche Seele eingebunden ist. Der Sinn der menschlichen Existenz besteht nach diesem Glauben in der Vervollkommnung des Wesens, was durch rechtes Handeln, Liebe, Mitmenschlichkeit und so weiter erreicht wird. Jede Aktion führt zu einer Reaktion, das heißt, jede Handlung hat eine Auswirkung. Die Qualität der Handlungen bestimmt die Qualität des Lebens beziehungsweise die äußeren Bedingungen der Wiedergeburt. So wird die individuelle Seele nicht durch das Leid einer außerirdischen Hölle oder eines Fegefeuers geläutert, sondern durch das Leben selbst, bis aufgrund der in vielen Leben gesammelten und unbewußt gespeicherten Erkenntnisse über das rechte Handeln die Seele den Kreislauf der Wiedergeburt verlassen kann und in dauerhafte Seligkeit eingeht. Die Hinduisten, Buddhisten, Konfuzianer und Taoisten erheben keinen Anspruch auf ausschließliche Gültigkeit, das heißt, eine Anerkennung anderer Glaubenswege findet statt.

Bei beiden dieser grundsätzlichen Glaubenshaltungen gibt es einzelne Gruppen, die der jeweils anderen Vorstellung anhängen, zum Beispiel taoistische und konfuzianische Gruppen, die an die Einmaligkeit des individuellen menschlichen Lebens glauben, christliche Gruppen, die an Wiedergeburt glauben und so weiter. Man kann sagen, daß in westlichen, christlich orientierten Ländern zwischen fünf und zehn Prozent der Menschen an Wiedergeburt glauben, während es auf die Weltbevölkerung bezogen etwa die Hälfte bis zwei Drittel sind. Die Vorstellung der durch mehrere Leben wandernden Seele entspringt also nicht der Phantasie einiger religiöser Randgruppen.

Die persönliche Verantwortlichkeit für die äußeren Bedingungen einer Wiedergeburt basieren – wie eben genannt – auf der Qualität des Handelns. Handeln heißt im Sanskrit Karma. Der Begriff Karma drückt jedoch nicht nur das aktive, gerade durchgeführte Handeln aus, sondern auch die »Wirkungen des Handelns« beziehungsweise die Prinzipien von Ursache und Wirkung, von Aktion und Reaktion. Daher wird im Zusammenhang mit Wiedergeburt häufig vom »Gesetz des Karma« und den sich daraus ergebenden Beziehungen zu den Lebensumständen gesprochen. Es gibt drei Arten von Karma: das angefangene Karma (genannt: Prarabdha), das angesammelte Karma (genannt: Samchita) und das kommende oder zukünftige Karma (genannt: Agami).

Das angefangene Karma ist jene Auswirkung von früheren Handlungen, die durch die äußeren Lebensumstände offenbar werden. Die Akzeptanz dieses Karma (das heißt die Erkenntnis seines Daseins) führt zur Auflösung. Das angesammelte Karma ist die aus einem früheren Dasein nicht offenbar werdende Auswirkung von Handlungen oder das in einem Leben angefangene, aber nicht auslöschbare Karma. Das kommende oder zukünftige Karma entsteht durch selbstverantwortliches Handeln, es ist die Ursache für gute oder schlechte Erlebnisse, die später von außen an die verkörperte Seele herangetragen werden. Die Interpretationen des Karma-Gesetzes sind – wie die meisten Lehren im esoterischen Bereich – sehr unterschiedlich; wir werden daher hier nicht ausführlicher darauf eingehen.

Neben dem Glauben an das Karma gehört zu den Hauptargumenten der Wiedergeburts-Anhänger die Überlegung, daß das Göttliche seiner Natur entsprechend gerecht und gütig ist und dadurch bei der Einmaligkeit einer menschlichen Existenz keine Erklärung dafür da ist, daß ein Teil der Menschen in Leid und Elend aufwächst und ein anderer Teil in Wohlstand und Sicherheit. Das Göttliche als geistig-intelligentes Prinzip ist zu solch harter Willkür nicht fähig. Persönliches Leid als Frucht einer mißbrauchten früheren Lebensphase sei hingegen der Ausdruck eines universellen Gerechtigkeitsprinzips.

Der Glaube daran, daß ein Leidender in seinem Leben die Quittung für Verfehlungen aus dem letzten Leben erhält, verführt jedoch zur Gleichgültigkeit dem Nächsten gegenüber, ja sogar zum Gefühl der Genugtuung über die »Strafe«, die dieser für sein falsches Verhalten in der früheren Existenz erlebt und zum Stolz auf das eigene Wohlergehen als »Belohnung« für gutes Verhalten im vergangenen Leben. Einige, die sich Esoteriker nennen, gehen sogar so weit, zu sagen, einem Leidenden zu helfen, verhindere dessen Möglichkeiten, die Lebensschuld abzutragen. Eine solche Einstellung dürfte den Rahmen menschlicher Beurteilungskompetenz wohl übersteigen.

Die Leidenden selbst entwickeln zum Teil ebenfalls eine Einstellung der Gleichgültigkeit dem eigenen Leben gegenüber, weil sie meinen, das Schicksal sei restlos vorbestimmt und unabwendbar. Aber auch die christliche Vorstellung, ein Leben in Elend sei lediglich ein Prüfstein für den Glauben und würde mit Glückseligkeit nach dem Tode belohnt, ist angesichts der teilweise ausweglosen Schicksalssituationen auf der Welt mehr zynisch als trostreich. Denn obwohl es Leidensphasen gibt, die zu tiefgreifender Selbsterkenntnis dienen können, gibt es wesentlich mehr Leidensphasen, die zu gar keiner Erkenntnis verhelfen, sondern nur das Leid als solches darstellen.

Wenn die These von der Wiedergeburt Wahrheit ist, so sind die zugrundeliegenden Prinzipien und Gesetzmäßigkeiten für den begrenzten menschlichen Geist kaum nachvollziehbar. Allenfalls können die nach außen erkennbaren Anzeichen von Reinkarnationen gesammelt und in eine Weltanschauung eingebunden werden.

Wertvolle Hinweise auf Wiederverkörperung sammelte der amerikanische Fachgelehrte Professor Ian Stevenson von der Universität von Virginia. Er untersuchte etwa 600 Fälle von frühkindlichen Erinnerungen an vergangene Leben. Es handelte sich dabei um spontan geäußerte Bilderinnerungen von Kindern aus Indien, Ceylon, Thailand, Burma, der Türkei, Syrien und dem Libanon. Einige Fälle wurden auch in Europa und anderen Ländern untersucht. Die Kinder waren im Alter von eineinhalb bis sieben Jahren. Durch teilweise exakte Schilderungen von Orten, Personennamen und anderen Dingen wurden die Erinnerungen nachprüfbar. Interessant sind einige Fälle, bei denen Personen vor ihrem Tod ihre Wiedergeburt ankündigten und als Erkennungszeichen bestimmte Muttermale nannten. Es gibt mehrere Fälle, bei denen neun Monate bis etwa vier Jahre nach dem Tod der Person in dessen Familie ein Kind mit den angekündigten Muttermalen geboren wurde. Solche Fälle genetisch oder psychokinetisch zu begründen ist äußerst problematisch. Die werdenden Mütter hätten entweder die Fähigkeit besitzen müssen, durch konzentrierte geistige Kraft dem wachsenden Embryo ein Mal »aufzudrücken«, oder es wäre der höchst ungewöhnliche Fall einer Vererbung physischer Merkmale eines anderen Familienmitglieds eingetreten.

Der indische Musiker Ravi Shankar berichtete im Alter von drei Jahren, daß er im vergangenen Leben als Sechsjähriger durch ein Messer ermordet worden sei, nannte Namen und Beruf der beiden Mörder und berichtete den Tathergang einschließlich der Verbrennung seines toten Körpers. (Ravi Shankar trägt zwischen Brustbein und Kinn ein Muttermal, das durch seine narbenartige Pigmentierung an einen Messerschnitt erinnert.) Der frühere Vater des einst Ermordeten erfuhr von den Schilderungen Ravi Shankars und versuchte, den seinerzeit abgebrochenen Prozeß wieder aufnehmen zu lassen. Dies ist wohlgemerkt keine Erfindung von Professor Stevenson, sondern basiert auf belegbaren Aussagen verschiedener Personen.

Ein dritter Fall ist der Bericht von einer Selbstmörderin, die sich in Brasilien aus Liebeskummer absichtlich Kälte und Nässe aussetzte und an einer Lungeninfektion starb. Kurz vor dem Tod teilte sie ihrer Freundin mit, daß sie als ihre Tochter wiederkommen würde. Bereits zehn Monate später brachte die Freundin ein Mädchen zur Welt, das im Alter von zwei Jahren von ihrem früheren Leben berichtete. Sie hatte auffällige Angst vor Regen und Kälte und war anfällig gegenüber Bronchitis und Gedanken an Selbstmord. Sogar in ihrer körperlichen Gestalt ähnelte das Mädchen der Suizidperson.

Neben diesen eher physischen Merkmalen gibt es auch Fälle von geistigen Merkmalen, die auf die Wahrheit der Wiedergeburtsthese hindeuten. So erinnerte sich ein dreijähriger indischer Junge, daß er im vergangenen Leben ein reicher englischer Ladenbesitzer war, und benutzte englische Redewendungen, obwohl die Eltern kein Wort Englisch konnten. Bei einer Besichtigung seines früheren Wirkungskreises reparierte der Knabe spontan eine komplizierte Sodawassermaschine.

Vielleicht können unter dem Gesichtspunkt der Reinkarnation verschiedene, scheinbar zufällige »angeborene« Talente erklärbar werden. Möglicherweise sind Wunderkinder oder »Frühvollendete« wie Mozart oder Blaise Pascal in Wirklichkeit »Spätvollendete«, die es im vorherigen Leben nicht geschafft hatten, ihr Lebensziel zu erreichen. Erbbiologisch lassen sich solche Phänomene zumindest nicht erklären, und es wird sinnvoll sein, die These von der Wiedergeburt aus dem Abseits einer esoterischen Phantasievorstellung herauszuheben und sich ernsthaft damit zu befassen.

Kleines Lexikon esoterischer Begriffe

Akasha, (allesdurchdringender) Äther. Nach hinduistischem Glauben der Äther, das feinste der fünf Elemente, von dem angenommen wird, daß es das gesamte Universum durchdringt und Träger des Lebens und des Klanges ist. 2. Raum. Nach buddhistischem Glauben werden zwei Arten des Raumes unterschieden: der durch das Körperliche begrenzte und der unbegrenzte Raum. 3. Nach anthroposophischer Vorstellung gibt es einen Bewußtseinsbereich, die Akasha-Chronik, der das gesamte Wissen der Vergangenheit, Gegenwart und Zukunft enthält. Durch Meditation kann man in dieser Akasha-Chronik lesen und so Wissen über sich selbst und alle Lebensbereiche erhalten.

Alchemie, 1. aus Ägypten stammende magische Bechäftigung mit verschiedensten Substanzen, mit denen seit dem Mittelalter versucht wird, unedle Stoffe in Gold oder andere edle Stoffe zu verwandeln. 2. Taoistische Tradition, mit der ebenfalls durch magische Chemie versucht wird, ein Elixier der Unsterblichkeit zu erzeugen.

Asana, 1. Körperhaltungen des Hatha-Yoga. 2. Platz, auf dem ein Meditierender sitzt. In der hinduistischen Tradition wird hierfür eine Matte genommen, die mit heiligem Gras bedeckt wird, über die man ein Rehfell und ein Tuch legt. 3. Körperhaltung während der Meditation (Lotussitz).

Ashram, Lebensort für Meister und Schüler, die Belehrung und Meditation durch den Meister empfangen wollen. Meist verfügen Ashrams über alle lebensnotwendigen Einrichtungen wie Gemeinschaftsküche, Waschküche, Gemüsegarten etc., so daß der Kontakt zur Außenwelt (der eine Ablenkung bedeutet) auf das Notwendigste beschränkt bleibt.

Astralkörper, feinstofflicher, dem physischen Zugriff entzogener, unsichtbarer Bewußtseinsträger, der dem physischen Körper innewohnt.

ASW, Abkürzung für »außersinnliche Wahrnehmung« (engl.: ESP). Hierzu gehören Hellsehen, Telekinese, Vorahnungen usw.

Aura, Ausstrahlung lebender Dinge (Mensch, Tier, Pflanze). Früher von der Wissenschaft energisch bestritten, inzwischen mit Hilfe hochempfindlicher Geräte meßbar. Allerdings ist noch nicht endgültig geklärt, um welche Form von Energie oder Strahlung es sich bei der Aura handelt.

Biorhythmus, umstrittene Lehre, nach der das körperliche, emotionale und geistige Leben verschiedenen Rhythmen unterliegen, die das Wohlbefinden und die Leistungsfähigkeit beeinflussen.

Chakra, Bezeichnung für die sieben Zentren feinstofflicher Energie im Astralkörper. Durch die Chakras wird feinstoffliche Energie gesammelt und geleitet. Sie bilden ein Bindeglied zwischen der seelischen und der stofflichen Ebene. Die sechs ersten Chakras liegen auf einer inneren Ebene innerhalb des Körpers (vom Unterleib bis zur Stirn), das siebte Chakra liegt außerhalb des Körpers, über dem Scheitelpunkt. Durch bestimmte Yoga-Techniken (Kundalini-Yoga) läßt sich der Energiestrom bewußt erwecken und von Chakra zu Chakra leiten, was jeweils ein spezifisches Gefühl von Glückseligkeit hervorruft.

Chirologie (auch Chiromantie), die Kunst des Handlesens.

Einweihung (Initiation), eine – meist mit feierlichem religiösem oder okkultem Zeremoniell eingeleitete – Einführung in eine Yoga- oder Meditationstechnik beziehungsweise Aufnahme in eine esoterische Gemeinschaft.

Exorzismus, die Austreibung des Teufels oder böser Geister mit Hilfe religiöser oder magischer Riten und Praktiken.

Freimaurer, international organisierte esoterische Gemeinschaft (Bruderschaft), die heute vorwiegend humanitäre Ziele verfolgt.

Initiation s. Einweihung

Kirlian-Fotografie, eine von dem russischen Forscherehepaar Kirlian entwickelte Methode zur fotografischen Fixierung der Ausstrahlung (Aura) lebender Dinge (Lebewesen und Pflanzen). Die Kirlian-Fotografie wurde ursprünglich heftig kritisiert, hat aber inzwischen an vielen Stellen Anerkennung gefunden.

Mandala, Sanskrit: Kreis, kreisförmige oder quadratische Zeichnung mit Symbolen von kosmischen Kräften, die als Meditationshilfe verwendet wird.

Mudras, in Indien und in der westlichen Magie eine Reihe bestimmter Gesten und Handstellungen mit esoterischer Bedeutung.

Präkognition, parapsychologischer Fachbegriff für das Vorauswissen zukünftiger Ereignisse.

PSI, zusammenfassender Begriff für paranormale Ereignisse und Fähigkeiten.

Rosenkreuzer, Mitglieder von esoterischen Gemeinschaften (Bruderschaften), deren Ursprung der »Orden vom Rosenkreuz« ist. Die meisten Rosenkreuzer-Gemeinschaften verfolgen wie die Freimaurer humanitäre Ziele, einige Splittergruppen stellen okkulte Zirkel mit egoistischen Ambitionen dar.

Runen, germanische Schrift- und Magie-Symbole, deren Herkunft nicht ganz geklärt ist. Die Runen-Zeichen haben sowohl einen Klangwert wie die Buchstaben unseres Alphabets als auch einen Sinnwert (wie etwa chinesische Zeichen). Runen werden heute für Orakelzwecke benutzt.

Stein der Weisen, nach dem Glauben der Alchemisten eine Materie (auch: eine Zauberformel), die den Urstoff aller Dinge enthält, mit der unedle Stoffe in edle Stoffe (etwa Eisen in Gold) verwandelt werden können. Besonders im Mittelalter wurde versucht, den »Stein der Weisen« zu finden und Gold zu erschaffen. Dieses Bemühen wird auch heute in magischen Kreisen fortgesetzt.

Sufismus, mystische Richtung des Islam, in jüngster Zeit auch im Westen verbreitet.

Tantra, ein meist als »Sexualmagie« mißverstandener Yoga-Weg, dessen Grundlage die Sublimierung (Vergeistigung) der durch die Chakras einfließenden Energie zum Zweck der Erleuchtung ist. Tantra-Yoga zählt zur »ewigen Religion« im Hinduismus.

Telekinese (griechisch, »Fern-Bewegung«), die Bewegung materieller Gegenstände allein mit Hilfe psychischer Kräfte.

Telepathie (griechisch, »Fern-Empfindung«), die außersinnliche Übertragung von Gedanken und Gefühlen, oft gleichbedeutend mit Hellsehen.

Veden (Veda), Sanskrit: Wissen, heilige Lehre, Gesamtbezeichnung für die ältesten, indischen Schriften, die nach hinduistischem Glauben göttlichen Ursprungs sind. Die vier Hauptveden sind Rig-, Sama-, Yajur- und Atharvaveda. Sie haben etwa den sechsfachen Umfang der Bibel.

Zen, japanischer Begriff, aus dem Sanskritwort »dhyana« abgeleitet, das »Sammlung des Geistes« oder »Versenkung« bedeutet. Zen ist eine Richtung des Buddhismus und eine Meditationsform, die sich inzwischen auch im Westen stark verbreitet hat. Im eigentlichen Sinne ist Zen jedoch keine Lehre oder Religion, sondern der nicht definierbare, nicht lehrbare Daseinsgrund im eigenen Selbst, der frei von Dualität, Namen und Umschreibungen eine innerlich erfahrbare letzte Wirklichkeit darstellt.

Yin und Yang, chinesische Bezeichnung für die zwei polaren, sich ergänzenden Urprinzipien der Wirklichkeit.

Yoga, von Sanskrit »yuj«, verbinden; indischer Übungs- und Meditationsweg. Siehe Kapitel »Meditation«.

Literaturverzeichnis

Allgemein

Hans Biedermann: Handlexikon der magischen Künste. München: Droemer Knaur 1976

Werner F. Bonin: Lexikon der Parapsychologie. Frankfurt: Fischer 1981

Michael S. Diener, Franz-Karl Ehrhard, Kurt Friedrichs, Ingrid Fischer-Schreiber: Lexikon der östlichen Weisheitslehren. Bern: Scherz 1986

Stephen Isaac: Die Suche nach Wahrheit. Grafing: Aquamarin 1985

K. H. Koch: Spirituelles Adreßbuch. Ahlerstedt: Param Günter Koch 1987

Johannes Lehmann: Buddha – Leben, Lehre, Wirkung. München: C. Bertelsmann 1980

Horst E. Miers: Lexikon des Geheimwissens. München: Goldmann 1979

G. J. Ousley (Hrsg.): Das Evangelium des vollkommenen Lebens. Bern: Humata 1974

Walter Johannes Stein: Weltgeschichte im Lichte des heiligen Grals. Stuttgart: Mellinger 1986

Hans Torwesten: Vedanta – Kern des Hinduismus. Olten und Freiburg: Walter 1985

Astrologie

Max-Michael Baltin: Astrosomatik. Hamburg: Papyrus 1987

Udo Becker: Lexikon der Astrologie. Freiburg: Herder 1981

Georg Haddenbach: Die 12 Tierzeichen im Chinesischen Horoskop. Niedernhausen: Falken 1977 und 1986

Robert Hand: Planeten im Composit – Astrologie der Beziehungen. Hamburg: Papyrus 1986
Konrad Klaus: Die altindische Kosmologie. Bonn: Indica et Tibetica 1986
Maurice Martin: Die Pflanze zwischen Erde und Kosmos. Schaffhausen: Novalis o. J.
Peter Orban: Astrologie als Therapie. München: Hugendubel 1986
Martin Schulmann: Karmische Astrologie, Band 1 bis 4. Sauerlach: Urania 1984
Martin Schulmann: Karmische Beziehungen, Band 1 und 2. Sauerlach: Urania 1985
Arthur Schult: Astrosophie – Lehre der klassischen Astrologie. Bietigheim: Turm 1986
G. W. Surya: Astrologie und Medizin. Bietigheim: Rohm 1980
G. W. Surya: Okkulte Diagnostik und Prognostik. Bietigheim: Rohm 1982
Hans-Georg Turstig: Das System der indischen Astrologie. Wiesbaden: Franz Steiner 1980

Hellsehen

Hans Bender: Unser sechster Sinn. Telepathie – Hellsehen – Spuk. München: Goldmann 1982
W. E. Butler: Hellsehen. Der Weg zur außersinnlichen Wahrnehmung. Basel: Sphinx 1985
Mary Ellen Carter: Prophezeiungen in Trance des größten Propheten der Gegenwart Edgar Cayce. Genf: Ariston 1980
N. A. Centurio: Die großen Weissagungen des Nostradamus. Prophetische Weltgeschichte bis zum Jahr 2050. München: Goldmann 1984
N. A. Centurio: Nostradamus. Prophetische Weltgeschichte. Bietigheim: Zluhan 1981
Max de Fontbrune: Was Nostradamus wirklich sagte. Berlin: Ullstein 1983

Hexenglaube
Starhawk: Der Hexenkult als Ur-Religion der Großen Göttin. Freiburg: Bauer 1985

I Ging
Richard Wilhelm: I Ging – Das Buch der Wandlungen, Köln: Diederichs 1956
Yüan-Kuang: I Ging – Das Buch der chinesischen Weissagungen. Bern: Barth und Scherz 1951 und 1975

Kabbala
Heinrich E. Benedikt: Die Kabballa als jüdisch-christlicher Einweihungsweg. Freiburg: Bauer 1985
Georges Ifrah: Universalgeschichte der Zahlen. Frankfurt: Campus 1986

Kartenlegen
Sergius Golowin: Die Welt des Tarot. Basel: Sphinx 1983

Magie
W. E. Butler: Die hohe Schule der Magie. Freiburg: Bauer 1979
H. E. Douval: Bücher der praktischen Magie, ihr Geheimnis, ihre Technik und praktische Anwendung. Freiburg: Bauer 1984
Frater V. D./Sujja S'a'-No-Ta: Die Praxis der Sexualmagie. München: Akasha 1985
Karl Spiesberger: Magische Einweihung. Berlin: Schikowski 1978

Meditation
Sri Aurobindo: Der integrale Yoga. Hamburg: Rowohlt 1957
Helmut Brenner: Autogenes Training – Schritt für Schritt. München: Humboldt 1978
Soami Divyanand: Der Pfad des Meisters – Meditation des Licht- und Tonstroms. Ahlerstedt: Param Günter Koch 1982

Omar v. Garrison: Tantra – Yoga des Sexus. Freiburg: Bauer

Peter Michael Hamel: Durch Musik zum Selbst. Kassel und München: Bärenreiter und dtv 1980

C. S. Lewis: Das Gespräch mit Gott. Zürich: Benzinger 1978

Thomas Merton: Meditationen eines Einsiedlers. Zürich: Benzinger 1976

Bernhard Müller-Elmau: Kräfte aus der Stille – Die transzendentale Meditation. Düsseldorf: Econ 1985

Pir-o-Murshid, Hazrat Inayat Khan: Friedensgebet. Heilbronn: Heilbronn 1984

Pir-o-Murshid, Hazrat Inayat Khan: Musik und kosmische Harmonie. Heilbronn: Heilbronn 1984

Claudio Naranja Robert E. Ornstein: Psychologie der Meditation. Frankfurt: Fischer 1976

Geshe Thubten Ngawang: Von der Reinigung des Geistes durch Meditation. Hamburg: Papyrus 1987

Iris Anna Otto: Der Traum als religiöse Erfahrung. Wiesbaden: Franz Steiner 1982

Patanjali: Die Wurzeln des Yoga. Bern: Barth und Scherz 1976 und 1982

Patanjali: Yoga-Sutra – Der Yogaleitfaden des Patanjali. Hamburg: Papyrus 1987

R. F. von Scholtz: Grundlagen des meditativen Lebens. Heilbronn: Heilbronn 1981

R. F. von Scholtz: Stufen der Entwicklung. Heilbronn: Heilbronn 1985

Margit Seitz: Der Meditationsführer – Wege nach innen. München: Schönbergers 1985

Marie-Luise Stangl: Die Welt der Chakren. Düsseldorf: Econ 1986

Bernard Vaillant: Westliche Einweihungslehren. München: Hugendubel 1986

Gerhard Wehr: Der innere Weg. Hamburg: Rowohlt 1983

Radiästhesie
Candi: Radiästhetische Studien. St. Gallen: RGS 1982
Tom Graves: Radiästhesie – Pendel und Wünschelrute. Freiburg: Bauer 1984
A. Kiess: Pendellehre. St. Gallen: RGS 1986
SGR-Team: Mentale Radiästhesie – 100 Pendelübungen. St. Gallen: RGS 1986

Theosophie
Anni Besant: Der Tod – und was dann? Stuttgart: Manas 1984
Anni Besant: Die siebenfältige Natur des Menschen. Graz: Adyar 1985
H. P. Blavatsky: Der Schlüssel zur Theosophie. Graz: Adyar 1983
H. P. Blavatsky: Die Geheimlehre. Stuttgart: Manas 1983
Johannes Fährmann: Einführung in das Theosophische Weltbild der Gegenwart. Calw: Schatzkammerverlag 1972
B. Flemming: Das theosophische Weltbild. München: Hirthammer 1976
Carl Egon Prinz zu Hohenlohe-Waldenburg: Der biblische Schöpfungsbericht im Lichte der esoterischen Weltanschauung. Calw: Schatzkammerverlag o. J.

Wiedergeburt
H. K. Challoner: Das Rad der Wiedergeburt. München: Hirthammer 1976
Ernst Häckel: Wir werden leben auch wenn wir sterben. Bietigheim: Turm 1978
Geddes MacGregor: Reinkarnation und Karma im Christentum. Band 1 und 2. Grafing: Aquamarin 1985
Hinrich Ohlhaver: Die Toten leben. Melsbach: Die Silberschnur 1986
Sankaracharya: Tattwa Bodha. Calw: Schatzkammer o. J.
K. O. Schmidt: Das abendländische Totenbuch. Engelberg: Drei Eichen 1973

Adalbert Töpper: Erfahrbarkeit außerkörperlicher Daseinsebenen. Melsbach: Die Silberschnur 1986

Werner Trautmann: Naturwissenschaftler bestätigen Re-Inkarnation. Olten und Freiburg: Walter 1983

Naturheilmethoden und heimliche Krankmacher.

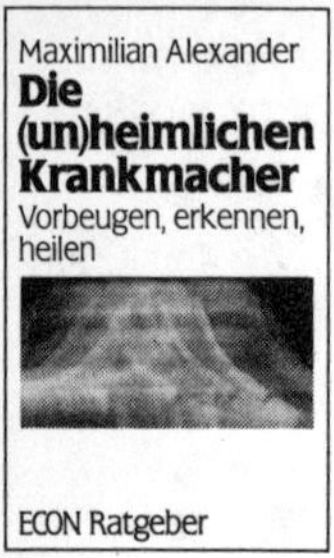

Alexander, Maximilian
Die (un)heimlichen Krankmacher
– Erkennen, Heilen, Vorbeugen –
Originalausgabe
144 Seiten
9,80 DM
ISBN 3-612-20039-9
ETB 20039

Das Buch

Die verborgenen Krankheitsursachen sind das große Handicap der konservativen Schulmedizin, die Krankheitssymptome werden mit höchst bedenklichen Mitteln der Chemie unterdrückt.
Die moderne Naturmedizin aber geht auf den Menschen als Ganzes ein und hilft, Störfelder, vergiftete Stoffwechsellagen, Wirbelsäulenveränderungen, nervale Blokkaden, Lymphstauungen, Psychotoxine, Blutdruck, Durchblutungsstörungen, Sauerstoffmangel, Allergien, Wetterfühligkeit und Therapieschäden zu normalisieren. Ein Krankheits- und Heilmittelregister schließt das Buch ab.

Der Autor

Maximilian Alexander arbeitet seit vielen Jahren als freier Journalist und Schriftsteller. Seine Spezialgebiete sind Medizin und Naturheilkunde.

Biomedizin – die natürliche Alternative.

Alexander, Maximilian/Zoubek, Eugen
Schmerzfrei durch Biomedizin
– Neue Naturheilmethoden –
143 Seiten
6,80 DM
ISBN 3-612-20000-3
ETB 20000

Das Buch

Akute und chronische Schmerzzustände sind das Schicksal vieler Menschen und können oft einen Lebensweg beeinflussen und prägen. Die Biomedizin bietet eine natürliche Alternative zu den herkömmlichen Schmerzmitteln.
Wirksame Präparate, auf rein biologischer Basis hergestellt, helfen Schmerzen ohne schädliche Nebenwirkungen überwinden, mobilisieren Eigenkräfte und setzen einen natürlichen Heilungsprozeß in Gang.
Anhand zahlreicher Praxisbeispiele zeigen die Autoren, mit welchen Mitteln der modernen Naturmedizin der Mensch Krankheiten und Schmerzen vorbeugen und sich selbst erfolgreich behandeln kann.

Die Autoren

Maximilian Alexander arbeitet seit vielen Jahren als freier Journalist und Schriftsteller. Seine Spezialgebiete sind Medizin und Naturheilkunde.
Eugen Zoubek ist Homöopath und Arzt.

Nie mehr Verstopfung.

Leibold, Gerhard
Gesund und fit durch Ballaststoffe
Originalausgabe
140 Seiten
5 Zeichnungen
7,80 DM
ISBN 3-612-20082-8
ETB 20082

Das Buch

Ballaststoffe sind wichtige Bestandteile der menschlichen Nahrung. Der Autor schildert die Notwendigkeit der Verwendung und die Gefahren für die Gesundheit bei Mangel an Ballaststoffen.

Aus dem Inhalt

Was sind Ballaststoffe? · Natürliche Ballaststoffquellen · Stuhlgang ohne Probleme · Regulierung der Blutfett- und Blutzuckerwerte · Vorbeugung von Krebskrankheiten · Krank durch Ballaststoffmangel • Richtige Ernährung · Rezepte für ballaststoffreiche Ernährung.

Der Autor

Gerhard Leibold ist erfahrener Heilpraktiker und Autor zahlreicher Sachbücher.

Krankheiten erkennen und selbst behandeln.

Bierach, Alfred
Reflexzonentherapie
– Krankheiten erkennen und selbst behandeln –
123 Seiten
89 Zeichnungen
46 Fotos
6,80 DM
ISBN 3-612-20002-X
ETB 20002

Das Buch

Geistige Anspannung und körperliche Verkrampfung führen oft zu Verhärtung oder Knötchen, da von den inneren Organen Reflexbahnen zur Körperdecke laufen, die diese verändern. Durch Reflexzonenmassage kann man über bestimmte Gebiete der Körperdecke auf innere Organe einwirken, Schmerz lindern oder heilen.
Die exakte Bebilderung in diesem Buch zeigt, welche Körperzonen bei welchen Erkrankungen behandelt werden sollen.

Der Autor

Alfred Bierach leitet eine eigene Praxis für Psychotherapie und Naturheilkunde am Bodensee. Seit Jahren wendet er Reflexzonenmassage erfolgreich an.

Starkes Selbstvertrauen für eine erfolgreiche Bewerbung.

Wülfrath, Heiner Kurt
Sich erfolgreich bewerben und vorstellen
– Ein praktischer Ratgeber für Stellensuchende –
Originalausgabe, 90 S.
5,80 DM
ISBN 3-612-21004-1
ETB 21004

Das Buch
Mit steigender Zahl der Arbeitslosen wird auch die Konkurrenz unter den Stellensuchenden größer. Die Chancen des einzelnen nehmen mit der effizienten schriftlichen und mündlichen Form einer Bewerbung zu. In systematischer Abfolge erfährt der Leser, wo er die meisten Stellenanzeigen findet, wie er Anzeigen analysiert, welche Bewerbungsformen es gibt, welche am vorteilhaftesten sind, welches Bewerbungsmaterial er benötigt, wie er die schriftliche Bewerbung aufbaut und formuliert, wie man sich auf ein Vorstellungsgespräch vorbereitet, wie man Gehaltsverhandlungen führt und was man beim Vertragsabschluß berücksichtigen muß.

Der Autor
Heiner K. Wülfrath ist Exportleiter. Er hat sich viele Jahre intensiv mit der Auswertung von Bewerbungen und der Personalauswahl beschäftigt.

Was meint der Arbeitgeber wirklich?

Lucas, Manfred
Arbeitszeugnisse richtig deuten
Originalausgabe
128 Seiten
8,80 DM
ISBN 3-612-21016-5
ETB 21016

Das Buch
Man erhält ein Zeugnis, aber was bedeuten eigentlich die verschiedenen Formulierungen? Was heißt „Zu unserer vollsten Zufriedenheit" oder „Der Mitarbeiter hat sich um den Betrieb verdient gemacht"? Dieses Buch gibt auf alle Fragen ausführliche Antwort.

Aus dem Inhalt
Rechtliche Grundlagen · Bedeutung des Zeugnisses · Haftung des Arbeitgebers · Zeugnisse bei der Vorstellung · Zeugnisse während des Arbeitsverhältnisses · Zeugnisse bei Beendigung des Arbeitsverhältnisses · Einfaches Zeugnis · Qualifiziertes Zeugnis · Ersatzzeugnis.

Der Autor
Manfred Lucas ist Dozent in der Erwachsenenbildung mit Schwerpunkt Bewerbung.

Der Selbständige ist sein eigener Herr.

Forster, Edgar A.
Sich selbständig machen – gewußt wie
Originalausgabe
192 Seiten
9,80 DM
ISBN 3-612-21001-7
ETB 21001

Das Buch
Das Risiko, seinen Arbeitsplatz zu verlieren, nimmt in Zeiten wirtschaftlicher Sparmaßnahmen ständig zu. Der Trend zum selbständigen Arbeiten, zum eigenständigen Tragen aller beruflichen Verantwortung, zur Unabhängigkeit, ist verbreitet. Von der Idee und den Voraussetzungen über die Konzeption, mit und ohne Hilfe von Unternehmensberatungen, über Finanzierungsmöglichkeiten, rechtliche, steuerliche und versicherungstechnische Richtlinien bis hin zu Pressearbeit, Werbung, Absatz und Vertrieb werden alle wesentlichen Fragen beantwortet. Praktische Beispiele veranschaulichen den Text.

Der Herausgeber
Dr. Edgar A. Forster ist Volkswirt und arbeitet als Unternehmensberater und Repräsentant des Bundesverbandes für Selbständige in München.

Partner gewinnen. Partner überzeugen.

Holzheu, Harry
Gesprächspartner bewußt für sich gewinnen.
– Psychologie und Technik des partnerorientierten Verhaltens
Originalausgabe
192 Seiten
8,80 DM
ISBN 3-612-21003-3
ETB 21003

Das Buch
Momentane Verhandlungsergebnisse werden hinterher wieder in Frage gestellt, Vereinbarungen angezweifelt, Zugeständnisse rückgängig gemacht. Partnerorientiertes Verhalten – eine neue Methode der Gesprächsführung – soll langfristig Erfolge bringen und eine dauerhafte Partnerschaft mit den Verhandlungspartnern sichern. Der Autor zeigt, wie man seinen eigenen Standpunkt verteidigt, ohne den Partner zu verletzen, wie man Partner gewinnt, wie man Partner überzeugt, ohne daß sie ihr Selbstwertgefühl verlieren, wie Ich-Aussagen als Ausdruck der eigenen Meinung ohne Vorwürfe und Anklagen formuliert und wie Du-Aussagen im Sinne des aktiven Zuhörens umgesetzt werden.

Der Autor
Harry Holzheu ist Psychologe und Verkaufstrainer. Er war 17 Jahre in Großkonzernen tätig und ist heute anerkannter Spitzentrainer.

Das Standardwerk der biologischen Küche.

Danner, Helma
Biologisch kochen und backen
– Das Rezeptbuch der natürlichen Ernährung –
288 Seiten, 8 Farbtafeln, 425 Rezepte
14,80 DM
ISBN 3-612-20003-8
ETB 20003

Das Buch

Natürliche Ernährung ist nicht nur gesund, sondern auch wohlschmeckend, durch sie können Krankheiten geheilt, gelindert und verhindert werden: Karies, Paradontose, Erkrankung des Bewegungsapparates, Zuckerkrankheit, Leber-, Gallen-, Nierenerkrankungen, Beschwerden der Verdauungsorgane, Gefäßerkrankungen u. v. a. m. Naturbelassene Ernährung bringt dem Menschen neuen Schwung, Elastizität, Ausdauer und hohe Konzentrationsfähigkeit, sie erhält ihn gesund und schlank.
Die Rezepte in diesem Buch sind praxiserprobt.

Die Autorin

Helma Danner ist Gesundheitsberaterin.
Sie beschäftigt sich seit vielen Jahren mit der wissenschaftlichen und Laienliteratur auf dem Ernährungssektor, mit neuesten und alten Gesundheits- und Kochbüchern.

Gesunde Ernährung für körperliches und seelisches Wohl.

Dörner, Ilse Sibylle
Das grüne Kochbuch
– Handbuch der naturbelassenen Küche –
270 Seiten
20 Zeichnungen
382 Rezepte
12,80 DM
ISBN 3-612-20026-7
ETB 20026

Das Buch

Das Handbuch der naturbelassenen Küche beweist mit über 380 Rezepten, daß man gesund leben und trotzdem köstlich essen kann.
Modernes Kochen mit frischen und gesunden Lebensmitteln, die schonend, selbst für schmackhafte Speisen, verarbeitet werden – unter dieser Maxime steht das grüne Kochbuch mit seinen vielen praxiserprobten Rezepten, Anleitungen, Tips und Ratschlägen zur naturbelassenen Küche. Es zeigt aber auch, daß Kochen nicht erst am Herd beginnt: Joghurt und Käse, Gemüse und Kräuter aus eigener Produktion bereichern jeden Tisch.

Die Autorin

Ilse Sibylle Dörner schreibt als freie Journalistin u. a. für die Zeitschrift „Feinschmecker". Sie ist Autorin mehrerer Kochbücher.

Endlich! Die Diät, die Spaß macht.

Dörner, Ilse Sibylle
Diät mit Bio-Kost
– Schlank, gesund und fit –
Originalausgabe
189 Seiten
16 Zeichnungen
232 Rezepte
9,80 DM
ISBN 3-612-20019-4
ETB 20019

Das Buch

Bio-Diät ist eine neue, gesunde Möglichkeit, schlank zu werden und schlank zu bleiben. Köstliche Rezepte, eine Einführung in die Kräuter- und Keimlingszucht, Bio-Kosmetik und Bio-Medizin verleiten den Leser, sofort anzufangen und ohne Qual und zeitliche Begrenzung seinem Körper etwas Gutes zu tun, ihn schlank und fit zu halten.

Die Autorin

Ilse Sibylle Dörner schreibt als freie Journalistin u. a. für die Zeitschrift „Feinschmecker". Sie ist Autorin mehrerer Kochbücher, u.a. „Das grüne Kochbuch", ein Standardwerk für die alternative Küche.

Schnäpse und Liköre – Auch ein Stück Gesundheit?

Buss, Katharina
Leib- u. Magenelixiere
– Selbstgemachte Liköre u. Schnäpse –
Originalausgabe
144 Seiten
30 Zeichnungen
4 Farbtaf., 167 Rezepte
8,80 DM
ISBN 3-612-20018-6
ETB 20018

Das Buch

Äbte, Padres und Nonnen durften keinen Alkohol zu sich nehmen, und doch haben sie die besten Rezepte für die Zubereitung von Kräuterlikören und Schnäpsen zusammengestellt.
Viele der alten Klostertränke sind hier in etwa 200 Rezepten aufgenommen. Für jeden Geschmack und für die Gesundheit obendrein ist etwas dabei. Eine Tabelle über die Reifezeiten von Früchten und Kräutern erleichtern die jährliche Planung der eigenen Herstellung.

Die Autorin

Katharina Buss ist Lebensmitteljournalistin, sie schreibt u. a. für den „Feinschmecker". Die Rezepte hat sie selbst ausprobiert.